体育科授業サポートBOOKS

明治図書

JN039925

8つの **運動大好きの子供をつくる**

体育授業の
ICT活用
アイデア56

鈴木 直樹 編著

鈴木 一成・村上 雅之・松田 綾子・石井 幸司・大熊 誠二 編集

💻 ICTでせまる！

| マネジメント | 運動量 | 技能 | 課題発見・課題解決 |

| 思考力 | 判断力 | 表現力 | 教師力 |

はじめに

　2019年8月，私は札幌で，刺激的な AR 体験をしました。ゴーグルをつけ，腕にはスマートフォン。腕を前に出すと，光る玉が手から飛んでいきます。相手チームに，その光る玉をぶつけ合うゲームでした。ゲームの様相は，雪合戦のようで，守りながら攻め，攻めながら守るという攻防一体のゲームでとても楽しむことができました。楽しかったという思いとともに感じたのが，「ここまで技術が進歩しているのか」ということです。最先端技術に敏感でない私も，技術の進歩と進出を実感させられました。「これを体育の学習に導入できないか」と，面白そうなアイデアがたくさん浮かんできました。数分前は，AR のことをほとんど知らなかった私が，この体験を通すことで体育学習で使えないかと思考を巡らせ，ワクワクしていたのです。この AR を「知らない」から AR を「知っている」への変化は，私たちの可能性を大きく広げてくれることを実感しました。

　2020年。新型コロナウイルスにより，世界の状況が変わりました。「オンライン○○」という言葉も多く聞かれるようになり，教育界でも ICT を活用することでさらなる学びの充実が求められています。

　しかし，現場からは「ICT のインフラ整備ができない」「どんな機器が必要なのか分からない」「どうやって使ったらいいか分からない」といった声が聞かれます。そこで，私たち「体育 ICT 研究会」は，新しい時代の体育授業を創造するべく，全国で活躍する多数の実践者とともに本書の作成に乗り出しました。本書の実践例が「知らない」から「知っている」への転換を促し，「これならできそう」「環境が整ったらすぐにやろう」と思っていただけると幸いです。

　2020年8月　　　　　　　　　　　　　　　　　　　　　村上　雅之

Contents

7 表現力×ICT─表現力を豊かに培う授業アイデア 125

8 教師力×ICT─教師力をアップするアイデア 143

未来の体育館環境

（鈴木 直樹・松井 素子）

8

⑦ AI用具倉庫

今日の学習内容をインプットすれば、それに合わせて必要な用具が提供されます。

⑧ 格納式バスケットボード

使用しない時は、壁の中にすっぽり入るので、他の運動もスムーズにできます。

⑨ 格納式支柱と電子ネット

バレーボールやバドミントンの支柱は、床に格納されていてボタン一つでセット完了です。ネットは、支柱から出る特殊な光線でできる簡単。物体を通さないこともできるので遊びもできます。

⑩ 自由自在にラインが引ける床

床のラインは、タブレットに入力すれば、自由自在。全くラインがない床も簡単にできます。

⑪ 硬度や色を自由に変えることができる床

硬度や色も自由なので、マットをひく必要もありません。手前の床をマットにすれば、色も柔らかさもこの通り。草原の上でプレイすることもできます。

⑫ どこでもスクリーン

スクリーンがなくても、映したい場所にいつでも拡大投影ができます。いつでもどこでも大きさも自由自在です。

⑬ ホログラムを使っての遠隔地体育装置

遠隔地からホログラムで活動に参加することが可能です。この鬼ごっこに参加している子供たちは遠く離れた場所から参加しています。海外からも参加可能です。

⑭ 360度スクリーンを使っての遠隔地体育装置

遠隔地の子供たちと草原で縄跳び。遠隔地の肢体不自由の子供もこの機械を使えば一緒に楽しむことも簡単です。

⑮ 走行支援器具

車椅子を使用している肢体不自由の子供が、この用具を使えば、仲間と一緒にかけたり、とんだり、自由自在です。

① アシスタントAIロボット

子供が体育館に入ってくる際、カメラに入っている眼で健康状態をチェックし、情報を即時に出欠を確認するとともに保健状態のコンピュータ、安全管理ドローン、教員のタブレットとともに情報を即時にドローンに送信します。授業中は、学習指導のアシスタントをします。授業後は、授業前と同様に子供たちの健康チェックをして情報送信をします。

② Vital Sign Checker

リストバンドを付ければ、即座に血圧、脈拍、体温、活動量、移動の軌跡などを、子供たち自身でも確認できる他、スクリーンに表示し、可視化したり、教師やアシスタントロボットにリアルタイムでデータ送信されます。

③ 安全管理用の静音ドローン

子供たちの安全を上空から見守ります。ロボットと連携し、健康状態を把握しながら、注意しなければならない子供を追尾したりします。何か緊急事態があった時は、保健室や病院と連携して適切な対応をとることができます。また、緊急時には降下してAEDとしても活用することができます。

④ 教師用タブレット

学校のサーバーと接続され、学習指導に必要な情報や体育館管理、子供たちの情報管理を一括してタブレット上で行うことができます。

⑤ 半球状のガラス天井

天井は超強化ガラスでできています。ボタン一つで、採光度合いを調整することができ、光を遮ることも簡単です。また、異なる風景を映すことも可能です。

⑥ 隙間なしの壁

一面平面となっている壁になっていることもありません。しかし、ボタン一つで入り口が現れたり、不思議なことに入り口もあります。ケットリングが現われたりします。

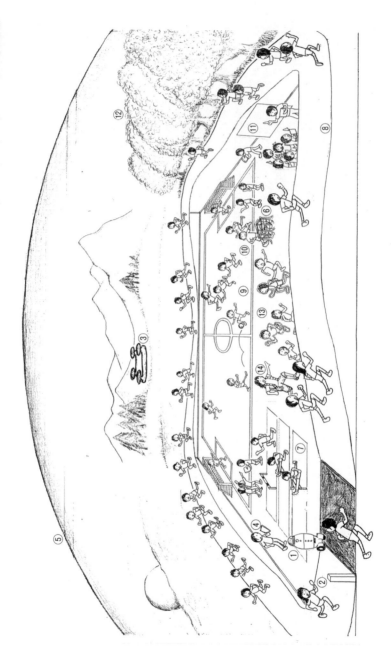

未来のグラウンド環境

（鈴木 直樹・小林 治雄）

① アシスタントAIロボット

子供が校庭に入っている際、カメラになっている眼で子供の出欠を確認するとともに健康状態をチェックし、情報を即時に教員のタブレットと保健室のコンピュータ、安全管理ドローンに送信します。授業中は、学習指導のアシスタントをします。授業後は、授業前と同様に子供たちの健康チェックをして情報送信をします。

② Vital Sign Checker

リストバンドをつければ、即座に血圧、脈拍、体温、活動量、移動の軌跡などを、子供たち自身でも確認できる他、スクリーンにも表示し、可視化したり、教師やアシスタントロボットにリアルタイムでデータ送信されます。

③ 安全管理用の静音ドローン

子供達の安全を上空から見守ります。ロボットと連携し、健康状態を把握しながら、注意しなければならない子供を追尾したりします。何か緊急事態があった時は、保健室や病院と連携してAEDとしても活用することができます。また、緊急時には降下して適切な対応をとることができます。

④ 教師用タブレット

学校のサーバーと接続され、学習指導に必要な情報や体育館管理、子供の情報管理を一括してタブレット上で行うことができます。

⑤ 屋外用の全天候型シェード

今日の学習内容を使って、日光を遮ることが可能です。また、雨が降っても、特殊な光を使って、雨を弾いてくれます。天候に左右されない、スケジュール通りに体育を展開することができます。

⑥ AI用具倉庫

今日の学習内容をインプットすれば、それに合わせて必要な用具が倉庫から出てくる便利な倉庫です。

⑦ 動く地面

地面が動くので、その場で、何メートルでも走ることができます。走る距離もどれくらいか、ゴーグルをつけて走ればバッチリわかります。風景も変わります。国立競技場で走ることも可能です。そして、ハードルもバーチャルで登場します。引っかかれば、その感触が伝わる特殊な仕組みです。

⑧ 自由自在にデザインできる地面

地面に高低をつけることも簡単です。アップダウンのあるランニングコースも自由自在。スキーをするための築山も簡単にできます。

⑨ 自由自在にラインが引ける地面

地面のラインは、タブレットに入力すれば、自由自在。全くラインがない地面も簡単にできます。

⑩ 人工芝・ハードコート・クッション性の高い地面などに変化

硬度も自由に変えられ、色も感触も変化させることが可能です。その為、人工芝にしたり、ハードコートにしたり自由自在です。

⑪ 青空レクチャールーム

この機械があれば、どんな空間もすぐにレクチャールームに早変わり。教師用のタブレットをつないで、簡単にプレゼンが可能です。

⑫ ランニングコース

周囲にあるランニングコースでは、周囲の景色を変えることができます。また、リストバンドを押せば、その情報が景色の上に表示されます。世界中の美しい自然の中でランニングを楽しむことができます。

⑬ ホログラムを使っての遠隔地体育装置

遠隔地からホログラムで活動に参加が可能です。この鬼ごっこに参加している子供たちは遠く離れた場所から参加しています。海外からも参加が可能です。

⑭ 走行支援器具

車椅子を使用している肢体不自由の子もこの機械を使えば、仲間と一緒にかけたり、とんだり、自由自在です。

1章

体育授業が変わる！
ICTの魅力と
基礎知識

1 体育授業を支える ICT 利活用の 理論と実際

1 学校教育に拡がる ICT の利活用！

　2020年，新型コロナウィルスの感染拡大により，学校は卒業式や修了式を前に，日本国内の多くの学校で休校を余儀なくされ，子供たちは家庭で過ごす時間が長くなりました。このような中で注目されているのが，オンラインを活用した教育です。皮肉なことに，このような状況になって ICT の利活用の効果を実感しているように思います。米国でも同じような状況が拡がっていますが，私の友人の体育教師は，オンラインを使ってコンテンツ配信をしようとしたところ，全家庭でインターネットにアクセスをできるわけではないという理由から，許可を得ることができなかったとのことでした。このように効果がある一方で，インフラの整備が十分でない状況があります。

　しかし，2019年6月25日には「誰一人取り残すことのない，公正に個別最適化された学び」を実現すべく，新時代に求められる教育の在り方や，教育現場で ICT 環境を基盤とした先端技術や教育ビッグデータを活用する意義と課題について整理し，今後の取組方策を取りまとめた「新時代の学びを支える先端技術活用推進方策（最終まとめ）」が発表されました。それを受け，今後，「新時代の学びにおける先端技術導入実証研究事業」がスタートする予定になっています。また，2019年6月28日には，学校教育の情報化の推進に関する施策を総合的かつ計画的に推進するために，「学校教育の情報化の推進に関する法律」が公布・施行されました。さらに総務省でも，ICT は，学びを主体的・協働的・探究的なものにし（アクティブ），個々の児童生徒に応じた最適なものにし（アダプティブ），学びを妨げる障害を改善・克服させる（アシスティブ）など，様々な効果をもつツールとして ICT を位置

付け，教育の情報化を推進し，「地域における IoT の学び推進事業（平成30年度〜）」「スマートスクール・プラットフォーム実証事業（平成29年度〜）」などに取り組んでいます。小学校学習指導要領解説体育編（文部科学省，2017）でも，「各領域の内容を指導する際，コンピュータや情報通信ネットワークなどの情報手段を積極的に活用することとした。」と記されています。このように，学校での ICT 利活用が積極的に推進されています。そこで本節では，体育の ICT の有効な利活用について整理していきたいと思います。

2 ICT 利活用の工夫の視点

　ICT は，これまで取り組んできたことを代替する便利な道具というよりも，新たなコミュニケーションスタイルを教育という世界にもたらし，新しい学びのスタイル，新しい指導のスタイルを生み出していくと考えます。そこで，体育の授業づくりをする上で，「時間」「仲間」「空間」の3つの「間」におけるコミュニケーションを手掛かりに指導スタイルを考えていく必要があると考えています。

(1) 時間の工夫

　体育授業を充実させるためには，適切な身体活動を経験することが大切です。ICT の利活用は，身体活動を阻害することがあるように考えられがちですが，体育の「時間」を充実させるために活用することが可能です。

①運動時間を増やす ICT の利活用

　例えば，小学校低学年で固定施設を使っての運動遊びに取り組んでいる場面で，指導している教師は，一つ一つの場所で遊び方を説明し，それを示範して見せ，子供たちに理解させた後，活動させるようにしていました。その説明に，授業の多くの時間が割かれ，子供たちの活動時間は，45分の内の8分にも満たないような時間でした。一方，ICT を使用して説明入りの動画を視聴させてから活動に移ったところ，説明時間はなんとわずか2分でした。その結果，発展的な学習にも取り組むことができました。このように，ICT

は，静止画，動画，音声などの情報提供を容易にすることができ，その長所を生かすことで，指導時間を短縮させることができます。

　また，中学校でゴール型の実践に取り組んだ際，子供たちは学習課題に従って，映像を撮影し，具体的に成果をふり返ることで，自分が何をすべきかが分かり，動くことができるようになったと話していました。

②短時間でのふり返り

　体育の授業では，学習カードの使用が一般的であり，これに手書きで書き込むということは，よく行われています。しかし，子供たちのふり返りを映像で残せば，20秒から30秒程度でふり返りが終わります。思考している時間や，仲間と撮影し合う時間を含めても２分もあれば，十分です。

　また，子供たちが立てた作戦の成否についてふり返るような場面では，まず自分たちが立てた作戦を確認し，話し合い，それを整理して書き込むということが行われることが多いです。しかし，ICTを活用すれば，話合いそのものを作戦板への記述とともに記録することも可能です。最近では，発話した人物を特定し，話した回数や時間を記録することで，自分たちが考えたこと自体をふり返ること（メタ認知）もできるようになりました。このようにICTを利活用することで，短時間でのふり返りが可能になりました。

③教師のマネジメント時間の効果的な活用

　体育の授業では，準備の時間や移動時間などマネジメントに関わる時間を減らすことが大切であるとされてきました。そのような教師のマネジメントの時間を有効なものにすることができるのもICTの大きな特徴です。

　例えば，小学校のICTを利活用しているベースボール型の授業では，子供たちが，話し合った作戦をネットワーク上にアップロードし，教師は自分が持っているタブレットで，全てのチームの作戦を確認することができていました。そこで，教師は子供たちが試合をしている場所に移動する前に作戦を確認し，その視点でゲームを見ながら移動し，子供たちの場所にいくと，その視点から子供たちに発問したり，賞賛をしたりすることができました。これまでは，移動する時間であったマネジメントの時間を，観察の時間へと

ICT が変換させたのです。

④撮影時間の設定の工夫

　ICT の利活用として，静止画や動画を撮影することは，最もイメージしやすい方法かもしれません。しかし，ただ撮ればよいわけではなく，このときも時間が重要なポイントです。第一に，いつ撮影をすればよいかについて，授業のねらいに即して吟味をしなければなりません。そして，第二に，動画では，どれくらいの時間を撮影すればよいか留意しなければなりません。

　また，ふり返りは，10秒や20秒という短い時間で設定することで，ふり返って評価する対象を焦点化し，深い学びの実現につなぐことができます。

　さらに，ゲームの授業で理解が進んだ段階では，学習者がゲームで起きていることを観察者とともに解説しながら，撮影する取り組みもあります。この取り組みでは，撮影時間はゲーム時間に合わせて長くする必要があります。

　このように，映像を撮影する際には，何を「いつ」「どれくらい」撮影するかという時間の工夫が必要です。したがって，教師が撮影の時間設定を意図的に変更できるアプリケーションが必要です。

(2)　仲間の工夫

　次に，コミュニケーションのデザインとして自己や他者との出会いが大切です。

①自己との出会いの演出

　学びを具体的に記録することができるので，過去の自分を確認し，変化を実感することが容易になります。例えば，第1時間目に取り組んでいた活動と，第5時間目に取り組んでいた活動を同時に映像で観察することで，自分の成長を実感することができます。

②他者との出会いの演出

　他者の考えや動きに出会うことは体育の中では，学習を深めていくときの大きな手がかりになります。ICT を使って，オンラインもしくはイントラネット上で，他者の考えや動きに出会わせることが可能です。教師がそれを

選択して出会わせることも，子供が選択して出会うことも可能です。いわば，ICTが多様な他者との出会いを演出することのできるツールになります。そして，学級内を超えて，他学級の子供，さらに他の学校の子供と考えや動きを共有することも可能です。

　ネットワークを活用すれば，問題解決をしていく際に，他の学校の子供たちと交流しながら，学習を進めることも可能になります。体育は遠隔教育とは無縁と考えられがちですが，むしろ多様な他者との出会いによる深い学習を可能にするツールになり得ます。

　さらに，ふり返りの場面を記述ではなく，音声で入力する場合，グループで取り組めば，1人がふり返りを録画している様子を他の子供たちが注視し，必然的に学びを共有するシステムとして作動することになります。これもICTがもたらした仲間との出会いといえます。

　加えて，保護者は，体育で学習したことをなかなか理解できていなかったのが現状です。通知表を通して正確に学習成果を価値判断することは難しいですが，学習成果を映像や音声でポートフォリオし，家庭に持ち帰れば，その学習成果は容易に理解され，家庭の支援もより良いものになってきます。

③時空を超えた仲間との出会い

　ICTの利活用によって，国内外の他校の子供たちとともに学ぶことが可能になります。また，eSportsが，2019年の茨城国体では正式種目として実施され，話題になっていますが，時空を超えてスポーツを媒介にして対戦することも可能です。このように，これまで直接，関わることができなかったような他者と関わりながら学びを深めることができるようになったのもICTの利活用の成果といえます。

(3)　空間の工夫

①情報の共有

　持久走の授業では，自分のペースを知る指標として心拍数が使用されることが少なくありません。最近では，心拍数をタブレットで受信し，複数台を

同時に表示し，状況を色などで表示して即座に確認できるようになりました。すなわち，視覚化された心拍数を確認しながら，ペースを調整して走ることができるようになりました。このような情報共有によって，個人的な空間を，他者と学び合う空間へと変容させることができます。

　また，動きを撮影する際に，どこから撮影すればよいか，空間の位置を思考することで，動きのポイントや戦術理解につながっていることもあります。

②異なる視点の提供

　プログラミング教育の実践でよくドローンが使用されていますが，ドローンを使って上空から撮影することで，これまでとは異なった視点から学習活動を評価することも可能になります。また，水泳の授業などでは，水中カメラを使うと，水中での動きの様子なども記録することができます。このように学習成果を通常，自らが視覚化している視点とは異なった視点から評価することを可能にしてくれます。

　さらに，ネットワークでつなぐことによって，クラスの仲間以外の他者の視点を提供することが可能になります。例えば，その活動に関する専門家や，同単元に取り組んでいる他学級・他校の子供たちの視点などに触れることを可能にし，これまで体育館や校庭といった閉じられた空間が，他者の多様な視点の提供により開放された空間へと変貌していきます。

3　新時代の幕開けを！

　伝統的な体育を守ることから，体育を進化させるときなのだと思います。ICT のより良い使い手となり，授業のツールとして有効活用できる，そんな力量がこれからの教師には求められていると思います。「主体的・対話的で深い学び」を目指す授業改善の視点として，ICT を有効活用し，新時代の体育を構築していかなければならないのではないでしょうか。（鈴木　直樹）

〈参考文献〉
文部科学省（2017）小学校学習指導要領解説体育編

※本稿は『保健と体育の情報誌（Vol. 5）』（東京書籍，2019年）に掲載された「新時代の体育・保健体育科の学びを支える ICT の利活用！」を修正して作成されています。

2 「こんな体育授業に したい！」
～「子供」「教師」「社会」は, どんな体育授業を望んでいるか～

▌1 どんな体育授業を望んでいるのか～子供の視点から～

これは, 6年生, 跳び箱運動での子供の学習カードです。

> 今回は,開脚跳びの8段にチャレンジ!
> やはり前回と同じですわってしまう。
> 友だちからのアドバイスは,きのつくいちが後ろになっているということ。
> そして前回自分で考えた目線をふまえてやってみた。
> しかし,ふわっと飛びそうな感じがせずすわってしまう。
> そして,友だちからもらったアドバイスは,ロイター板のとび箱ギリギリでふみきるということ。
> 前キリはうわっとしたし,すわらなかった

　この子は, 跳び箱運動に苦手意識をもっているとともに, 開脚跳びもうまくはできていない状況でした。友達との関わりの中で, 何度も試行錯誤を重ねながら, 自分の課題の解決に向けて取り組んでいました。この学習カードは, 学び手である子供の視点で体育授業について考えるとてもよいヒントになると考えています。子供たちに「どんな体育授業にしたいですか？」と, アンケートをとりました。「楽しい体育にしたい」という回答が多かったのですが, その「楽しい」についてさらに詳しく聞いてみると, 以下のような回答が得られました。

> 「たくさん動ける（運動できる）体育がいい」
> 「うまくなる体育がいい」
> 「みんなで話し合ったり, 協力できたりする体育がいい」
> 「けががない体育がいい」
> 「失敗して責められない（笑われない）体育がいい」

結果は，「運動が上手になる体育がいい」「話し合ったり，協力できたりする体育がいい」という回答が多かったです。学年別にみると，高学年になるにつれて，結果ももちろん大切ですが，どのように運動に取り組んだのかという「プロセス」も大切にしているということが分かりました。上記の学習カードからも，話し合ったり，助け合ったりしながら，友達と関わり合って学ぶことに楽しさや喜びを感じる，体育ならではの学びを期待していることが分かります。

2　どんな体育授業を望んでいるのか〜教師の視点から〜

　学習指導要領には，育成すべき資質・能力の実現のために「主体的・対話的で深い学び」という授業改善の視点が示されました。これは，「子供たちが，学習した内容を人生や社会の在り方と結び付けて深く理解し，これからの時代に求められる資質・能力を身に付け，生涯にわたって能動的に学び続けることができるようにする」ために求められている体育改善の視点です。

　現場の先生方に体育における「主体的・対話的で深い学び」の授業イメージを聞くと，以下のような回答が得られました。

> ・運動時間が確保されている授業
> ・主体的に運動に取り組む授業
> ・技能が高まる授業
> ・思考力，判断力，表現力が育成される授業

　子供たちが望んでいる体育授業と比べてどうでしょう。言葉の使い方は違いますが，子供と教師が望んでいる授業はおおむね共通しているように見えます。

　ところで，学校教育は社会構造の変化と関連して，ともに変化してきた歴史があります。それでは，いまの子供たちが大人になったときには、社会の形成者として，どんな力が求められるのでしょう。

3　どんな体育授業を望んでいるのか～いま求められている教育から～

　いま求められている教育について考えるうえで，Education2030プロジェクトを参考にしていきます。Education2030とは，OECD が推進する，新時代の教育のための事業計画であり，日本の学習指導要領にも多大な影響を与えています。Education2030は今後の予測不可能な未来でも「well-being」を共通の目的であるとし，学習者が進むべき方向を自ら見出す必要性を示す「ラーニング・コンパス」を定めています（ラーニング・コンパスの詳細は参考文献の OECD のホームページをご参照ください）。

　ラーニング・コンパスは，学びの中核的な基盤である，「知識：Knowledge」「思考力，判断力，表現力等：Skills」「態度：Attitudes」「価値：Values」で構成されています。そして，学習者の将来とよりよい未来の創造に向けた「変革を起こすコンピテンシー：Transformative competencies」を身に付ける必要があるとしています。そしてこれらは，「見通し：Anticipation」「行動：Action」「ふり返り：Reflection」の AARサイクルを通して育成されていきます。

　これらの概念は学習指導要領で示された「３つの資質・能力」や「主体的・対話的で深い学びの授業改善の視点」と近いものです。それでは，AAR サイクルを通した，子供と教師が求める体育授業とはどのようなものでしょう。あるマット運動の授業から，具体的に考えていきましょう。

4　ある「マット運動」の授業風景から

　始まりのチャイムが鳴ると，子供たちが体育館に入ってきました。すると，子供たちはすぐにマットの所に走っていきました。２人組でマットを持ち，グループごとにマットを並べていきます。マットを並べ終わったグループから，自分たちで「ゆりかご」を始めました。高く脚を伸ばしている子供もいれば，グループで動きを合わせて，シンクロゆりかごをしている子供たちもいます。

時間や安全面等がマネジメントされていることは体育授業の基礎になります。マットを準備するときに，2人組でマットを持つ，基礎的なことが理解されています。また，子供たちが学習の見通しをもっているので，教師の指示がなくても次に何をすればよいか分かり，自分たちで動いています。

　　そして，すぐに運動に取り組み，適切な運動量が保障されていることは，身体を動かすことを活動の中心としている体育ではとても重要です。子供にとって意味のある運動時間を保障する効果的なマネジメントにより，身体を動かしながら課題を解決する体育の授業が実現します。

　教師が集合の声をかけました。子供たちは自然と円くなって集まり，教師の声に耳を傾けます。

　「マット運動のテーマは，『かっこよく，こっちからあっちまで回ろう』でしたね。今日は前回の続きです。自分の，今できる回り方や動き方を組み合わせて，マットの上を移動して運動しましょう！」

　と言い終わると，子供たちは自分の課題は何だったか，友達の課題は何だったかをグループで話し合い，確認を始めたのです。

　　全体のテーマを確認することで，ねらいに沿った一人一人の課題を発見することができます。前時からすでに自らの課題を生み出している子供たちは，課題の確認を自然と始めます。

　子供たちがマット上で回り始めました。グループの友達はいろいろな方向から，演技を見ます。そして，終わったら自然と演技をした子に集まりました。演技をした子は，笑顔で頷きながら，みんなからのアドバイスを聞いています。

　次の子は，後転がうまくできないらしく，坂道マットで取り組みます。友達に先にやってもらい，その後にやりま

す。ある子は，側方倒立回転で手足がまっすぐにマットにつかないので，マットに書かれている線を目印に回っています。違うグループでは，飛び込み前転をできるようになりたい子たちが集まって，柔らかいボールを飛び越して前転をしています。

　技能を育むことは，子供たちが「できるようになりたい」という願いに沿う授業です。技や運動がどのようにできるようになっていくのか，その「過程」における教師の手立て，仲間との協働が重要です。
　体育の資質・能力の育成の鍵となるのが，課題を発見して解決していく学習過程です。子供たち自らが課題を発見できる学習過程が求められます。後転が課題の子，側方倒立回転が課題の子，飛び込み前転が課題の子など一人一人様々な課題があります。個やグループの課題を見つけ，解決していく学習を教師がより意識して計画する必要があります。
　子供たちは課題の解決に向けて，これまで学んだ知識や技能を活用していきます。ここに思考力が働いているのです。マットでの演技を終えたら，友達から即座にフィードバックをもらい，自分の動きがどうだったかを思考します。思考と運動を結び付けることで深い思考力が育成されていきます。
　発見した運動課題は，一人一人違います。それに伴って，課題の解決の方法も違います。その上で大切になってくるのが，解決に向けた方法を自分で決める判断力です。後転が苦手だから坂道マットを活用したり，側方倒立回転が課題だから，線が描かれているマットやゴムひもを友達に持ってもらったり，自分で解決方法を決める機会が保障されていることで判断力を高めることになります。

　あっという間に，残り10分です。子供たちは一人一人今日のふり返りをします。その後，全体で集まり，今日のふり返りを発表し合い，共有します。ある子が，嬉しそうに発表しました。
　「○○さんから『側方倒立回転をした後に，その勢いを使って開脚前転もできるよ』とアドバイスをもらってやってみました。そうしたら，今までできなかった開脚前転ができて，びっくりしました。流れの中で，『グルんピ

24

タっと』できた感じが楽しかったです」

　その後，1回だけ，今日の動きのふり返りを実際にマットの上でやりました。終わったグループからマットの片付けになります。もっとマット運動をやりたかったらしく，2回やっている子もいます。子供たちは今日のマットでできたことや，楽しかったこと，次に取り組みたいことを話しながら教室に戻っていきました。

5　理想の授業を実現するために

　この授業には，子供が望んでいる授業と，教師が望んでいる授業，そしていま求められる授業のヒントが隠されていました。子供たちは，学習に「見通し」をもち，「行動」して自己や仲間と「ふり返り」をする AAR サイクルを，授業でスパイラルに回しながら学んでいました。しかし，忘れてはならないのが，この授業を支えている，教師の指導力です。

　このように，授業づくりの土台となる，教師の力量形成がとても大切になってきます。

6 授業づくりをする上での8つのポイント！

以上のことから本書では，よい体育授業のポイントを以下の8つに分けました。

①よくマネジメントされている授業

②運動量が保障されている授業

③技能が高まる授業

④課題を発見し，
　課題を解決していく授業

⑤思考力が高まる授業

⑥判断力が高まる授業

⑦表現力が高まる授業

⑧教師の高い力量に支えられた授業

そして，本著のテーマである「ICT」がこれらの8つのポイントと融合されることで，「よりよい」理想の体育授業をつくることができ，「well-being」を自らめざす，運動大好きな子供を育むことができると考えています。

体育には教科書がありません。体育を研究していない教師や初任期の教師は，どのような視点で授業をつくればよいのか困惑することもあります。そこで，本書では8つのポイントを実現できるような ICT の利活用アイデアを紹介しています。アイデアをそのまま再現するのではなく，目の前の子供を思い浮かべながら，理想の授業追究のヒントとしてご活用いただければ幸いです。

（村上　雅之・石井　幸司）

〈参考文献〉
OECD（2019）The OECD Learning Compass 2030
http://www.oecd.org/education/2030-project/teaching-and-learning/learning/learning-compass-2030/OECD_Learning_Compass_2030_concept_note.pdf

2章

今日からできる！
ICT活用の
体育授業アイデア

実践 の読み解きガイド

　本書では，56のアイデアを掲載しています。そのアイデアから適切なものを選択し，参考にするために，読み解きをガイドしたいと思います。

　まず，本書のアイデアは，目的ごとにまとめられています。8つの目的の中から読者の方の興味・関心に応じて選択することが可能です。

　具体的なアイデアは，見出しの下に概要が書かれています。詳しく読む前に，ここを読んで，自分のニーズに合うかどうかを確認してください。自分の興味・関心に合うものが見つかったら，本文の読書開始です。

　まず，冒頭部分を読んで，どんな実践のアイデアであるのかイメージをもってください。ここでは，ぼんやりとこんな実践かなぁとイメージできればよいと思います。ICT の活用方法と授業アイデアでは，具体的な使い方を理解してほしいと思います。どんな機器をどのように，どんな場面で用いて，どんな流れで活用していけばのよいのか，実際に使用する自分の姿まで思い浮かべることができるようになればよいと思います。QR コードを読み込んで Web にアクセスすれば，アイデアで使用されている機器やアプリケーションの詳細の情報を参照することが可能です。そして，最後に，実践のアイデアを活用すると，いったいどんな良いことがあるのかを具体的に実践した人の声から理解をするようにしましょう。その方法を実際に用いるかどうかを判断したり，それを応用して他の使い方を創造したりしながら，読み進めてください。

　アイデア間は深い結び付きがあり，読み進める中でつながり合って新しいアイデアも生まれると思います。常に，「なぜ？　どうして？」という問いをもちながら読み進めていただきたいと思います。（鈴木　直樹）

マネジメント ^{1} × ICT

―マネジメントを効果的にする指導アイデア

　「よい体育授業の条件は？」と聞かれると，「できるようになる手立てがある」「子供が夢中になる教材がある」といった「内容」に関わることが回答としてすぐに浮かびます。しかし，内容だけではなく体育の授業では，指示をしたり教具を準備したり，安全面に配慮したりする「マネジメント（運営）」もよい授業の条件といえます。この章では，ICT を活用することで，効率的に教具の準備ができたり，説明を短くしたりと，マネジメントに大きな効果をもたらすアイデアをご紹介します‼

（村上　雅之）

① 音楽の切り替わりで，次へ動く

> PowerPoint を活用して，曲データを編集し，再生します。
> 音楽の切り替わりが次の活動や学習場面の合図となり，音楽と学習活動を連動させることで，子供たちが見通しをもって運動に取り組むことができます。

① ICT 活用で子供たち自らが見通しをもって活動できる

　体育のマネジメント活動の1つに，学習場面と次の学習場面の間（例えばゲームとゲームの間）で生じる移動や待機が挙げられます。ボール運動の授業では，コートチェンジやゲーム交代に伴う移動は必ず生じる活動です。

　これらの活動を，音楽の切り替わりで子供たち自らが見通しをもってできるようにしたいという思いから，本実践に取り組みました。

　方法としては，PowerPoint を活用します。使いたい曲を編集し，「オーディオのトリミング」で流したい曲の時間設定をします。アニメーションを付ければ，自動で曲を切り替えることも可能です。

　シートに活動のポイントを提示すれば，視覚的に活動内容も確認できます。曲の感じやテンポを変えると，次の活動のイメージと切り替えがしやすくなります。

マネジ
メント
×
ICT

② ICT の活用方法と授業アイデア

　単元導入部の第1時に，曲の切り替えと活動の切り替えについて共有して
おきます。4分間のゲームで使った音楽は，明るい感じのJポップ2曲で構
成しました。コートチェンジや移動の際は，1分間のアップテンポの曲にし
ました。3分間のふり返りは，オルゴールのメロディーにしました。

	学習活動と ICT 活用の場	子供の姿 (小学校中学年)
1	場の準備，めあての確認 ゲームの提示	
2	**ゲーム・作戦会議** **コートチェンジ①**	ゲームが始まるよ！ コートに移動しよう！
3	ゲーム・作戦会議 コートチェンジ②	
4	**ふり返り**	
5	ゲーム・作戦会議③	落ち着いてふり返りが できるね。
6	まとめ・片付け	

③ ICT の活用でこんなに変わった

・次の活動に切り替わる合図が音楽というのは，はじめてだったけど，友
　達と声をかけ合って楽しくできました。
・今までより，次の活動に素早く動けたような気がしました。

　本実践では，音楽の切り替えによって，子供たちが次の活動に見通しをも
って自ら行動できるようにしました。また，活動の内容と曲想を関連させる
ことで，全員が見通しをもちました。音楽と活動の切り替えをつないだ本実
践は，運動量の確保においても効果があったことに加え，他の運動領域の学
習でも活用できると考えています。

（梶山　歩美・松田　綾子）

2 アプリを活用してチーム分けをスマートに

初級

| アイデアを活用した運動領域 | ボール運動（ゴール型） |

事前に名前とレベルを登録したグルーピングアプリを利用して，チーム分けを行います。チーム作成の時間が短縮されることでその時間を指導に使えます。さらに，リーグ作成アプリを利用するとトーナメント戦やリーグ戦の順序が簡単に作成できます。結果や現在の状況も試合後にすぐ分かるので，各チームが見通しをもち学習に臨めます。

1 ICT 活用でチーム分けと試合結果が瞬時に分かる

ゲームを行うときに，チーム分けやリーグ戦の組み合わせや試合順，さらにはトーナメント戦作成に時間を費やしたことがありませんか？

ゲームにおけるチーム分けは，教師や子供たちにとっては多くの時間を要します。また，リーグ戦の対戦相手や試合順，順位や勝敗を出すのにも時間を要することも多々あると思います。そこで，①チーム分けの時間短縮，②リーグ戦の作成時間短縮の２つのアプリを利用することにしました。特に，各チームにタブレットがあ

り，対戦結果がシェアできれば結果の共有が図りやすく，教師は全体が把握できるとともに，子供たちも次の試合に向けての見通しがもちやすいと考えられます。

2 ICT の活用方法と授業アイデア

授業前に自分たちでチーム分けを行うことで，一緒に楽しくやることの大切さなどのチームのねらいをもたせます。また，ゲーム終了後に結果が瞬時

マネジ
メント
×
ICT

に分かることで，チームの現在の状況が把握でき，次のゲームへの見通しをもつことができます。

	学習活動と ICT 活用の場	子供の姿 （小学校中学年）
1	チーム分け アプリを活用して行う	
2	準備運動	
3	ねらいの確認と場の準備	
4	ゲーム①	
5	ゲームのふり返り	
6	ゲーム②	
7	ゲームのふり返り	
8	片付け	

（吹き出し）前とまた違うチームだね！

（吹き出し）同じチームになったね！いっしょにがんばろうね！

（吹き出し）順位がかわったね！ チームでどうするか，考えてごらん！

（吹き出し）次の作戦を考えよう！

③ ICT の活用でこんなに変わった

- チームを発表されるときは，ドキドキしました。このチームの仲間とがんばって仲よくやっていこうと思いました。
- 試合が終わったあと，自分のチームの勝ち負けやほかのチームの結果がすぐに分かって，やる気になりました。

　子供たちにとって，グループ発表はワクワク感があります。チームが決まると集まって話し合う姿がみられ，チームでやっていこうとする仲間意識が見られました。教師にとってもチーム分けが，子供たちの納得したものになったと感じることができました。

　また，リーグ戦において試合結果がすぐに出ることで，子供たちにとっても現在の状況が瞬時に分かり，次のゲームにつながりました。教師はタブレットで瞬時に結果を把握することができ，それをもとに各チームに多くの関わり（時間）をもつことができ具体的な指導につなげることができました。

（山﨑　功一）

❸ プロジェクター活用で動く的をやっつけろ

初級

　的当てゲームを行う際，準備に要する時間が多かったり，ねらう的にバリエーションが乏しく多様な投動作を経験させられなかったりしませんか？　本実践は，プレゼンテーションソフトを活用し，体育館の壁面に様々な的を投影することで，準備時間の短縮だけでなく，子供同士の学び合いを通した多様な投動作の獲得につながります。

① ICT 活用で準備時間短縮！　エキサイティングゲーム

　低学年のボールゲームにおいて，豊富な経験は外せません。試技を繰り返す中で，スムーズで正確な投げ方を体得していくことが望まれます。しかし，実態が様々な子供たちに対し，投動作の量的確保や質的向上を保証するための目標物（具体物）を設定することに多くの時間が割かれてしまいます。

　そこで，プレゼンテーションソフト（PowerPoint）を活用し，節分にちなんだ「的当て（鬼退治）」を紹介します。的になる「鬼」は画像を図として挿入し，「アニメーション効果」を追加します（直線やターン等）。さらに，「効果オプション機能」を活用することで，鬼の動作継続時間やタイミング等を調整でき，的にバリエーションを加えることができます。的になる鬼は体育館の壁面に大きく投影します。大きな鬼や小さな鬼，気球のように突然画面下から浮かび上がる鬼等，ねらう場所が多様で飽きがなく，さらに試技が繰り返されるため，正しい投げ方を主体的に身に付けていく姿が見られます。

プロジェクター等を子供たちの後方にセット。安全上問題なし！

② ICT の活用方法と授業アイデア

　的当てゲームの目標物に ICT を活用するメリットは，短時間で様々なバリエーションの的を提示でき，多様な子供のニーズに合わせることが可能になることです。上方への投げ上げを習得したい子供には「上部の鬼」を，正確にねらう投力を習得したい子供には「小さな鬼」を，空間認知的能力を習得したい子供には「一定の動きで移動する鬼」を提示することができ，子供同士の学び合いを促せます。さらに教師は，よい投動作の価値付けや苦手な子供への個別指導に専念できる利点もあります。

	学習活動と ICT 活用の場	子供の姿（小学校低学年）
1	学習課題の確認と場の準備	
2	準備運動	
3	運動①視線の高さへの的当て	
4	運動②上方への的当て	
5	〜学び合い〜 ・投げ方の違いを知る・踏み出し動作 ・胸の開き動作	
6	運動③移動する的への的当て ・上下左右・斜め・空間認知	
7	運動④赤白対抗戦	
8	まとめ・ふり返り　片付け	

（子供の姿 吹き出し）
なるほど！そうすると自然と胸が開くね！
えいっ！思ったところへ投げられたよ！
ねらう鬼の方へ足と腕を向けるよ！
紅白玉を放すのは耳の横が目安だよ！高く投げるときは少し早く！

③ ICT の活用でこんなに変わった

・手だけじゃなく，足の使い方が大切だと分かった。
・ねらう鬼におへそを向けるとうまくいった。

　様々な的を提示できることで，子供が「どうしたら正確にねらえるか」という学習課題に正対し，主体的な学びを促すことができます。

（藤本　拓矢・鷲尾　美紀）

④ プログラムタイマーで時短に

🧢 アイデアを活用した 運動領域	体つくり運動 （体の動きを高める運動）

　プログラムタイマーアプリを使って，時間管理を行います。プロジェクターにつないで，体育館のスクリーンに大きく表示することで，次に何をするのか見通しをもつことができます。見通しをもたせることで，次の運動に向けて自主的に練習したり，うまく運動するために話し合ったりでき，本単元のねらいである体力アップが図れます。

① ICT 活用でタイムマネジメントが完璧に

　たくさんの運動に取り組ませたいけれど，指導とタイムマネジメントの両方を完璧に行うのは難しいですよね？　そこで，タイムマネジメントをプロ

グラムタイマーアプリに任せることで，指導に集中する環境をつくることができます。子供たちのいい姿をほめたり，動きについてアドバイスしたりと指導に余裕がもてます。

　また，残り時間が表示されることで，活動に見通しをもつことができます。さらに，慣れてくると自主的に練習したり，どうやったら上手になれるか話し合ったりする姿につながります。

② ICT の活用方法と授業アイデア

　単元を通して，ペアで様々な運動に取り組み，体の動きの高まりを意識させたいと考えています。そこで，子供たちと話し合って単元を通して取り組む7つの運動を決めます。それぞれの時間を示し，運動と運動の間に，記録の記入時間を2分程度多めに設定しておきます。すると，記録の記入後，次

の運動の練習をしたり，ペアで話し合ったりする姿が見られました。例えば，手押し車では，「目線がどこを向けば手が遠くに着けるか」を考えさせ，「腹に力を入れて顔を前に向ける」コツに気付いているペアをほめたり，全体に紹介したりすることに教師は集中できます。単元は6時間で，1時間に1つか2つの運動をピックアップし，そのコツを学習課題にして取り組みました。

	学習活動と ICT 活用の場	子供の姿 (小学校高学年)
1	学習課題の確認と場の準備	
2	準備運動	
3	運動①おんぶ歩き	
4	運動②馬跳び	
5	運動③手押し車	
6	運動④ドリブルリレー	
7	運動⑤ボールパス	
8	運動⑥長なわ8の字	
9	運動⑦スポーツ鬼ごっこ	
10	まとめ・ふり返り　片付け	

③ ICT の活用でこんなに変わった

・残り時間が分かるので，本番の時間までしっかり練習できました。ペアの友達と協力して練習したら記録がよくなってうれしかったです。

・いつも時間が見えているので，何をやる時間か分かるし，どんどん多くできるようになったり，タイムが縮んだりして時間を上手に使えました。

　子供たちは見通しがもて，指導者は指導に集中でき，この単元を通して，たくさんの達成感と笑顔が見られました。ICT の活用によって，主体的に運動に取り組み，体の動きを高めたり，向上させるための方法に気付いたりすることができました。

（熊野　昌彦）

5 ICT で安全指導をストーリー化して分かりやすく

初級

アイデアを活用した
運動領域　ゲーム（ゴール型ゲーム）

安全指導は，どの学年の，どの領域でも行われます。ストーリー化することで，子供が映像の登場人物を自分自身に置き換えて安全な運動の仕方やルールを理解することができます。特に，子供の運動の流れとセットにしたストーリーにすると，より子供にとって分かりやすいものになります。

① ICT 活用で気を付けるポイントやルールが分かる

「危ないので，○○してはいけません」

単元や授業の導入で，教師が安全面について指導することがあります。運動によっては，その安全指導の数がいくつもあり，時間がかかる場合もあります。しかし，説明が長くなってしまうと，子供が

指導内容を理解できなかったり，忘れてしまうということが起こります。そこで，「ストーリー動画」を導入してはいかがでしょうか。物語のように進んでいく動画を視聴することで，子供たちは自分と重ねて安全について考えたり，安全に行うポイントに気付いたりすることができます。

② ICT の活用方法と授業アイデア

映像の中には，教師が主人公として登場します。「初めてその運動に取り組む子供」という設定です。映像の流れは，実際の子供たちの学習や運動の

流れとリンクしています。危ないことやルールも理解できるものになっています。本実践では，4年生ゴール型ゲーム「スノーホッケー」を扱いました。屋外での学習は，教師の説明が長くなってしまうと子供の集中力も減退してしまいます。そこで，授業前に教室で映像を見てから屋外で学習するといった流れで行いました。

	学習活動と ICT 活用の場	子供の姿 (小学校中学年)
1	めあての確認・安全の確認	○○さんは，まず思いっきりスティックを振りました！
2	準備運動	ゴルフみたいにスティックを振っているよ。
3	ミニゲーム	これは「ハイスティック」という反則だよ。相手をケガさせる危険なプレーなんだ。
4	ゲーム①	
5	ふり返り	
6	ゲーム②	腰より上にスティックが上がらないように…。
7	ふり返り	
8	ゲーム③	
9	片付け	

③ ICT の活用でこんなに変わった

> 授業者の感想
> ・運動の中で，子供同士が「スティックが腰より上がっているよ！」と声をかけ合いながら気を付けている姿が多く見られた。
> ・初めから，用具の安全な使い方を意識する子が多かった。

　教師が長い時間をかけて説明するよりも，実際に映像を見た方が子供たちが早く理解できる情報も多くなります。それは，ストーリーにのせて安全に運動するポイントが散りばめられているからです。他の運動領域にも活用できる可能性がある手立てです。

（村上　雅之）

6 撮影準備はペアチェックで安全確保

初級

アイデアを活用した 運動領域	器械運動（跳び箱運動）

> タブレットの動画撮影機能は，一瞬でしか捉えられない運動の様子を記録することができるため，「あのとき」を共有するツールとしてとても効果的です。その子どもの「あのときを残したい」思いを生かして，安全面を強化することもできます。そして，これにより子供の安全へ配慮する気持ちを育てることも可能です。

① ICT 活用で安全確保

指導していたのに，ヒヤリ！としたことはないでしょうか。跳び箱運動では，「運動した子供が，次の子供に合図を出してから運動する」は，当たり前の風景です。ここに ICT を活用することで，こうした体育授業のヒヤリハットを激減させることができるのです。ポイントは，「自分の運動を撮影してもらいたい！」という子供の思いを生かすことです。特に，運動が一瞬で終わってしまう器械運動領域が適しています。

ICT 機器の直接的な機能ではありませんが，こうした側面ももち合わせているということを教師が掴んでいることは，様々な実践への汎用性が高まっていくと考えられます。

② ICT の活用方法と授業アイデア

3〜4名のグループで順番に運動をしていきます。運動の様子を撮影し，観てふり返るのですが，「（撮影）準備 OK！」と宣言することと「同じ子供が3回連続運動する」ということを約束しておきます。「運動→ふり返り→映像を観て修正ポイントを意識して運動→ふり返り…」という流れの中で子供は，「絶対に撮ってほしい」という気持ちが強くなります。だからこそ，「準備 OK！」の合図をしっかり待つのです。

	学習活動とICT活用の場	子供の姿 (小学校中学年)
1	準備運動	
2	場の準備	
3	前時のふり返り，自己の課題確認	
4	運動① 自己の能力に適した場で運動する	
5	全体交流	
6	運動② 自己の能力に適した場で運動する	
7	ふり返り	
8	片付け	

準備OK！いいよ！

いくよー！

運動をする前に必ず撮影する子が「準備OK！」と手を挙げて伝えます。運動する子も手を挙げて合図をします。

③ ICT の活用でこんなに変わった

「運動をしっかり撮ってほしい！」という子供の思いを生かして，安全確保につなげることができました。ケガのリスクは，0にはできないかもしれませんが，ちょっとした工夫で少なくすることはできると考えます。

また，この実践では「先生，撮ってもらえなかった」という子供の訴えがありました。このときに「何で，ちゃんと確認しないんだ！」と叱るのではなく，「何が原因だったの？」と聞くことが大切です。状況を整理して，次への修正を促してあげる教師の関わりにより，自分たちで確認することの大切さを実感することができました。その後，その子供のグループは運動する子供と撮影する子供がしっかりコミュニケーションをとり，確認しながら運動する様子が見られました。

どんなに気を付けていても起こってしまうこともあるケガ。しかし，ICTが生み出した心のゆとりで減らすことができるかもしれません。

（村上　雅之）

7 AR で瞬時に距離測定

アイデアを活用した運動領域	陸上運動（走・跳の運動）

中級

タブレットの計測アプリを使って，走り幅跳びで跳んだ距離を測ります。AR で測定することで，計測時間を短縮することができ，子供でも正確に計測できることが期待できます。子供同士で撮影し合い，記録を確認することができるので，教師は跳躍に注目し，よい動きや改善点を見つけることに重点を置くことができます。また，跳躍を見合うことで，子供の主体的な活動や交流を促すことができます。

① ICT 活用で運動量の確保と積極的な交流を

走り幅跳びの授業で，つい「記録の測り方」の説明が長くなってしまい跳躍を指導する時間が少なくなってしまったり，計測に時間がかかって待ち時間が長くなったり…という経験があります。同じ子供ばかりが計測しているということもありました。

そこで，アプリを使って計測時間を短縮し，運動量を十分に確保しました。子供同士で計測し合い，短時間で結果を共有することができるので，運動量を確保しつつ，教師は一人一人の跳躍に集中し，ゆとりをもって指導を行うことができます。また，アプリを通して友達の記録や跳躍にも関心をもち，アドバイスをし合ったり，跳躍のコツを見つけたりすることにつながり，子供同士の交流を促すこともできます。

② ICT の活用方法と授業アイデア

はじめに前回までの記録をふり返り，本時のめあてを決めます。活動中は記録を撮影して残し，ふり返りの中で記録を確認したり，撮影者とともに跳躍を見ていた子供が気付きを伝え，次の活動への課題やめあてにつなげます。

	学習活動と ICT 活用の場	子供の姿（小学校中学年）
1	準備運動と場の準備	
2	目標の確認（全体と個人）	
3	活動①	
4	ふり返り① （活動①の記録のふり返り） 友達の運動への気付きを伝える	前回までの記録をふり返って… 今日の目標を決めよう!! 前回より記録が下がっているなぁ。どこを改善しようかな？
5	めあてに合わせた場での練習	
6	活動②	
7	ふり返り② 活動②の記録をこれまでの記録と併せてふり返る 友達の運動への気付きを伝える	さっきより足が前に出て、フォームがよくなってきたよ！ まっすぐ跳ぶことを意識するぞ!!
8	まとめ	
9	片付け	

③ ICT の活用でこんなに変わった

> ・待ち時間が少なく，跳んだ瞬間に結果が出るし，跳んだ距離が目に見えるので，次はもっと頑張ろうという気持ちになれました。
>
> ・友達の跳んでいる所を計測していると，斜めに跳んでいることに気付き，踏切板からまっすぐ跳ぶことを友達にアドバイスすることができました。

　子供たちは，アプリを使って楽しんで計測しながら，同時に友達の記録や跳び方に興味をもつようになってきました。跳躍を客観的に見ることで，「踏切板と垂直方向に跳ぶ」「踏切板ギリギリから跳ぶ」というポイントや跳躍の改善点を自身で発見することにつながり，自分の課題に合った場の選択ができていました。計測アプリなら，測り間違いもなく交代もスムーズにできるので，運動量を確保しながら，跳躍の指導に専念し，的確なアドバイスを行えたことが記録の向上につながったと感じています。

（岩田　未来・山﨑　功一）

8 デジタル板書で一目でふり返り

アイデアを活用した運動領域　表現運動（表現）

中級

> 授業の板書をタブレット端末で行います。そして次時の導入に，子供たちの発言をもとにでき上がったこれまでの板書や事前に読み込んでおいたふり返りカードをタブレット端末からTVに映し出します。文字だけでなく，写真やイラストも保存しておいてその場で張り付けることができるのでわざわざ印刷して，切り取って…などの手間暇もなくなります。

1 ICT活用で学びのふり返り

「前の時間にどんなことやったか覚えている？」と聞くと様々な反応が返ってきます。覚えている子に発言してもらったり，教師がふり返りカードを読み上げたりして，全員が今日学習する内容の見通しをもつことができるようにすることがあります。子供たちの思考の流れを意識してつくられている単元構成であればあるほどこれまでの学びは大切になってきますが，この段階で時間はあまりかけたくないと誰しもが思っているはずです。そこで，授業が始まって子供たちを集合させた後，前時の板書をTVに映し出します。「あっ，前は～をやったんだった」「今日は，○○にチャレンジしたいな」と自然と子供たちは話し出します。また，子供たちのふり返りに授業の焦点を当てたい場合も「こんなふうに考えていた人がいるんだけど見てくれる？」とTVに提示すると食い入ったように読み始めます。

このように，あまり時間はかけたくないけれど，しっかりと全員で共有しておきたい授業の導入部分にはデジタル板書は大変おすすめです。

2 ICTの活用方法と授業アイデア

「動きの大きさやタイミングに変化をつけると戦っている感じを表すことができたね」など，4年生表現運動では，前時の学習が本時の学習につなが

っていく時間や既習を活用させたいという時間などに意識的にデジタル板書を使用しました。

	学習活動と ICT 活用の場	子供の姿（小学校中学年）
1	場の準備・準備運動	
2	課題の共有	
3	グループで動きを考える活動	
4	ペアグループ交流	
5	全体交流	
6	グループで動きを考える活動	
7	ふり返り	
8	片付け	

私のグループは場所にこだわったんだった。

前回, 私のグループは, 動きを大きくしたりみんなのタイミングを揃えたりして変化をつけて, 戦いを表現したよ。

③ ICT の活用でこんなに変わった

> 前の時間の学習が一目でふり返られるので, 自分たちがやってみたいことや課題がはっきり分かりました。

デジタル板書で前時をふり返り, 本時の道筋を全員で見出していくことで「何をやったらいいか分からない」「みんながやっているからとりあえずやる」という子がいなくなりました。前の時間にグループで発見したことや他のグループの友達の考えを聞いて獲得したアイデアや知識, それを得た喜びを想起すること, 言い換えれば自分たちの学びを自覚すること等, デジタル板書は時間をかけずに, 子供たちが主体的に動き出すための視覚的なサポートになりました。単元によっては, イラストを提示したり, 子供の運動しているときの写真を提示し, マークしたりコメントを入れたりすることもできるため, 単元のどの時間にも, 他の単元にも活用できると考えます。

（中塚　宗太）

9 「発表ノート」で即時に意見を集約

アイデアを活用した運動領域　　ボール運動（ゴール型）

上級

> SKYMENU のアプリ「発表ノート」とは，タブレット端末の画面上に手書きで線や文字を書き込んだり，画像を貼り付けたり，子供たち一人一人が考えたものを1つの画面に即時に集約できたりするものです。また，「発表ノート」は，課題発見までの道のりを最短かつ明確にできる効果があります。

① ICT 活用で時短＋課題発見までの道のりの明確化

　ICT（発表ノート）を使うことで，教師の指示や子供が学習するために必要な作業時間を短縮できるだけではなく，課題発見までの道のりを最短かつ明確にできる効果があります。全体交流で全員の考えが一気に集約され，結果が重なってテレビ画面に表示された瞬間，一目見ただけで結果が明確になるため，子供たち全員が視覚的に共通点や違いに気付くなど，課題発見までの時間も最短かつ明確にすることができました。

② ICT の活用方法と授業アイデア

　今回のバスケットボールの学習では，画面共有や合成機能という ICT を活用することによって，個の考え（自分にとってシュートが入りやすい場所，入りにくい場所を見つける）が，一瞬にして全体に共有（全体の得意・不得意な傾向や，一般的に入りやすい場所，入りにくい場所の共有）への気付きをねらいました。

　多くの考えを全体で確かめたり，子供たちから出たよさを共有したりする際，この SKYMENU のアプリ「発表ノート」や合成機能は，とても効果的です。陸上運動や器械運動領域でも，使える可能性があると感じています。

	学習活動と ICT 活用の場	子供の姿 （小学校高学年）
1	準備活動	
2	課題把握 （得点しやすい場所の予想）	
3	シュート （予想したことを動きで確かめる）	
4	全体交流	
5	シュート （共有した学びを動きで確かめる）	
6	学習のふり返り	
7	整理運動	
8	片付け	

2　課題把握（予想）　　3　個の学びの記入

4　学びを共有　　5・6　学びの確かめ

マネジ
メント
×
ICT

③ ICT の活用でこんなに変わった

> 　シュートのときは，正面から打つのが一番いいと思っていましたが，左斜めからボードの中にある小さな四角の角をねらうとたくさん入りました。次はドリブルをしてからシュートが打てるようになりたいです。

　これまでは，子供の考えを学習カードから読み取ったり，聞き取ったりして，とても時間がかかりました。また，それを全体で共有するとなると，さらに時間がかかっていました。しかし，意見を即時に集約できるシステムの活用により，一人一人の考えを一瞬で，全体で共有できました。また，合成機能により視覚的に分かりやすくできたり，教師の指示が減ったりするなど，教師のマネジメントが楽になることを実感した1時間になりました。また，教師のマネジメントだけではなく，様々な教育的効果も得られました。1つ目に，子供の意欲の高まりです。結果が集約された映像から自然と交流が生まれ，主体的な学びが生まれました。2つ目は，実運動時間が増えます。45分のうち35分弱運動できました。ICT を使わなければ，以上のような主体的に学ぶ子供たちの姿や，時間を無駄なく使えて，教育的効果が高い授業は生まれなかったと実感しています。

（生駒　大地）

マネジメント × ICT 実践のためのアドバイス

　体育の授業では，教室で行う授業とは違う部分がたくさんあります。だからこそ，「マネジメント（運営）」が重要になってきます。今回，紹介した9つの実践アイデアは，ICT を活用することで，マネジメントを効果的に行うことができるものになっています。そして，その本質は，マネジメントを効果的にすることで，「子供が見通しをもって学習に主体的に取り組むことができる」ということに他なりません。

　プログラムタイマーや音楽を切り替える実践では，子供たちが次の活動は何かを自分たちで判断して行動する力を育成していきます。これはしっかりと見通しをもっているからできることです。チーム分けをアプリで行ったり AR で距離を測定したりする実践では，実際に子供たちが ICT を活用することで，自分たちで学習を進めていけるようになっていきます。また，互いに撮影準備をチェックしたりストーリー化をしたりする実践では，自分たちで安全を意識して活動することができるようになっていきます。そして，動く的をプロジェクターで投影する実践やデジタル板書の実践，意見を集約する実践では，教師の準備にかかる手間が縮小されることに対して，大きな効果を与えてくれます。その生まれた時間を，教師は子供に関わることができるのです。

　ICT の活用がマネジメントに大きな成果をもたらすことがお分かりいただけたと思います。マネジメントはいい授業の「前提」です。ICT を活用して勢いのある授業を展開することが可能になります。

（村上　雅之）

運動量 ICT

―運動量を増やす授業アイデア

　「ICT を用いると運動量が確保できない」
　この一文を読んだあなたは，今，どんなことを感じているでしょうか。

　ご自分の体育の授業をふり返り，肯定的に捉えている方とそうでない方とがいらっしゃることと思います。

　本章では，学習効果を高めながら，運動量を増加することができる ICT の利活用法についての実践を 6 つ紹介します。

　どの実践も，ICT 機器の用い方の工夫がちりばめられていて，そのことによって子供たちはたくさん活動することができるとともに，運動の楽しさや喜びを味わうことができています。

　さぁ！　運動量を増やすアイデアの扉を開けてみましょう。

　その扉の向こうには，運動量の確保につながるたくさんの可能性が開けているはずです。

（松田　綾子）

10 場を視覚化し，安全に素早く場づくり

初級

アイデアを活用した
運動領域　　器械運動

> タブレットや大型テレビなど動きを見ることが多い器械運動領域。この領域は，場の準備が必要となることが多いです。そこで，タブレットに画像ファイルを入れておいたり，大型テレビに画像を映したりして，それを見ながら準備させます。すると，画像を見ながら，素早く安全に場づくりができます。

① ICT活用で素早い場づくりができる

　体育授業でのICTの活用の仕方は，タブレットや大型テレビ等で，示範の動きを提示して動きのコツをつかませたり，動きを撮影して自分や友達の動きの課題を見つけたりすることが挙げられます。

　さらに，体育授業で大切にしたいことは，運動時間の確保です。そのためには，短い時間で準備や片付けを行うことが重要です。

　そこで，体育授業で使うタブレットや大型テレビで場の図を提示して，子供たちが準備や片付けを安全にスムーズに行うことができるようにしてみてはいかがでしょうか。

② ICTの活用方法と授業アイデア

　タブレットを使う場合はタブレットの中に画像を入れておいたり，大型テレビに映したりします。また，大型テレビを使う場合は大型テレビで画像を提示します。

	学習活動と ICT 活用の場	子供の姿 (小学校高学年)
1	場の準備 安全に素早く準備する	
2	学習課題の設定	ぼくは，真ん中の5段の跳び箱を準備するよ。
3	運動	ぼくも一緒に運ぶよ。あと，マットも運ぼうかな。
4	モデリング・まとめ 学習課題についての気付きを共有する	
5	運動	
6	まとめ・ふり返り 自分の動きの変容や新しい課題に気付く	配置図を提示するだけで，準備の動きが格段によくなります。
7	片付け	

運動量 × ICT

③ ICT の活用でこんなに変わった

- ・図を見ながら準備ができるので，確かめながら跳び箱やマットを置くことができてやりやすいです。
- ・先生に質問することがほとんどなくて，みんなで協力して準備をすることができました。

　タブレットや大型テレビによる用具の配置図の提示により，教師には用具を配置する際の安全確認をするゆとりが生まれました。そして，子供たちは，友達と協力しながら準備や片付けを行うことができるようになりました。さらに，「次，何すればいいですか」という声がなくなり，自分たちで進んで，素早く準備ができるので運動時間の確保につながりました。

（小林　治雄）

「PowerPoint」でルールや動き方を時短理解

アイデアを活用した 運動領域	ボール運動（ゴール型）

初級

PowerPointを活用して，動画や動き方を提示することで，ゲーム領域で取り扱うゲームのルールや動き方の説明を時間短縮することができます。説明の時間が短くなることで，ゲームやふり返りの時間を多く設定することが可能となり，子供たちの活動する時間を増やすことができます。

1 ICT活用でゲーム内容を時短理解

ゲーム領域の単元導入部では，多くの場合，はじめの規則やゲームの中でどのように動くのかを説明する場面がよく見られます。しかし，平面（黒板やホワイトボードなど）でゲーム内容の説明を聞いても，理解が難しい子供が少なからず存在します。それらの背景には，サッカーやバスケットボールのようにゲームの様相が容易に頭に浮かぶものとは違い，新しく取り組むゲームの内容がイメージしにくいことが考えられます。指導者もゲームの内容の把握のために説明する時間が長くなり，子供たちの活動する時間が減っていることもあるのではないでしょうか。

そこで，PowerPointを活用して，ゲームで実際に子供が動いている様子を見せたり，動き方を提示したりすることで，説明する時間を短縮する工夫を取り入れました。説明する時間を短縮したことにより，活動する時間（ゲームやふり返り）が増え，子供たちは力いっぱいゲームを楽しむことができるようになります。

② ICT の活用方法と授業アイデア

単元導入部の第1時に，ゲームの説明場面で PowerPoint を活用して，ゲームの実際の様子や，動き方を提示します。視聴後に，ゲームの特性やはじめの規則を全員で共有し，ゲームを実践します。

運動量
×
ICT

	学習活動と ICT 活用の場	子供の姿（小学校中学年）
1	ゲームの提示，規則の確認	
2	準備運動，ゲームにつながる運動	
3	ゲーム①	
4	ふり返り① 規則についてふり返りをする	
5	ゲーム②	
6	整理運動	
7	片付け	
8	ゲームふり返り② 全員が楽しめるような規則になっているか話し合う	

このゲームは，ボールを前に運んでいくゲームなんだね！

どうやって攻撃すれば，たくさん点が取れるのかな？

さっき見た動画みたいに，友達と声をかけ合いながら攻撃すると，点が取りやすいな！

動画では，どのように動いていたかな。今度はパスを使ってみよう！

③ ICT の活用でこんなに変わった

・「PowerPoint」で動きの説明を聞いて，動画を観たので，ゲームのだいたいのイメージをつかむことができました。
・動画を見たので，すぐにゲームができそうでした。

ゲームの内容や動き方を視覚的に提示したことで，子供たちは大まかなゲーム像をもちながら，ゲームを楽しんでいました。動きの「イメージをもつ」ことは，子供が進んで活動に取り組む上でも大切なことだと感じています。

（松田　綾子）

12 一人一人のめあての見える化でモチベーションアップ

初級

> エクスチェンジボード機能※を活用し，電子黒板に一人一人のめあてを提示することで，活動への意欲を促します。また，友達のめあてや学びを知り，自分と比較することで，より質の高い運動量の確保へとつながります。

1 ICT 活用で活動意欲＆運動量 UP

「先生！　また跳び箱をしたいです！」

生き生きとした明るいHくんの表情を見て，私はとても驚きました。なぜなら，これまでの跳び箱の授業では，いつも元気がなかったからです。前の授業との違いは，めあての見える化を図ったことです。タブレットに書いた個人やグループのめあてを一斉送信し，電子黒板に提示しました。

跳び箱運動では，一人一人の本時のめあてを提示しました。子供たちは，今ここにある自分の課題を解決するためのめあてを設定することができました。そして，そのめあての達成に向かい，見通しをもちながら，またどのように探究するのかを考えながら繰り返し運動に取り組むことができました。その結果，活動への意欲を促すだけでなく，友達のめあてや学びを知り，比較することで，自己の学びを深め，より質の高い運動量の確保へとつなぐことができました。

※シャープマーケティングジャパン株式会社が教員と共同して開発した教育用基本ソフトタブレット学習システム「スタディネット」の機能の1つ。

② ICT の活用方法と授業アイデア

　本時で達成したいめあてを決め，タブレットに書き込みます。エクスチェンジボード機能を活用して書き込んだ内容を一斉送信することで自分や友達のめあてが電子黒板上に提示されます。

運動量
×
ICT

	学習活動と ICT 活用の場	子供の姿 (小学校高学年)
1	場の準備	
2	めあての設定・提示	
3	探究①	
	ふり返り① 設定しためあてについてふり返る	ぼくのめあてと似ているな。
4	探究②	
	ふり返り② 設定しためあてと活動を撮影した映像をもとに学び方についてふり返る	
5	探究③	
6	まとめ	めあての達成に近づいているぞ！
7	片付け	

③ ICT の活用でこんなに変わった

　今日は自分が考えためあてを友達のめあてや動きの映像と比べながら跳び箱をしました。自分のめあてがずっと電子黒板に映っていたので，見守られているような気がして，いつも以上にがんばりました。友達のめあても見て分かるので，相談したり，アドバイスがもらえたりしてよかったです。前よりしっかり運動できたと思います。次はどんなめあてにしようかなぁ。次の跳び箱の授業が楽しみです。

　子供たちは，自分が設定しためあてに立ち返りながら，課題の解決に向かって仲間と探究することで運動の楽しさを味わい，次時の学びへとつなぐことができました。

（西本　真子・松田　綾子）

13 時間設定で思考と試行の無駄をなくせ

初級

> タイマーがスタートすると電子黒板に残り時間が表示されます。めあてを達成するために活動を効果的に進め，限られた時間を有効活用することをねらう実践です。

① ICT活用で指示や説明が減り，活動時間が確保できます

「練習と作戦会議を5分でしましょう！」ひと言指示を出した後，電子黒板のデジタルタイマーをスタートさせると，子供たちは自分たちで活動を始めます。

画面には活動の残り時間が表示され，子供たちは終了の見通しをもつことができるので，

安心して活動に取り組むことができます。話合い活動などの時間や運動量の確保に有効です。

② ICTの活用方法と授業アイデア

本実践では，タイマーを使ってゲームをマネジメントしました。

まず，ゲーム①→ローテーション→コートチェンジ→作戦会議→ゲーム②→ローテーション→コートチェンジ→作戦会議…という活動の流れを提示し，次の活動の見通しをもてるようにしました。それぞれの活動場面でタイマー表示をし，残り時間を意識させながら取り組ませました。

タイマーを活用することで，子供たちは時間いっぱい集中してゲームに取り組むことができました。また，ローテーションやコートチェンジも素早く

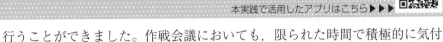

行うことができました。作戦会議においても，限られた時間で積極的に気付きや考えを仲間に伝えることができました。電子黒板の活用以外にも，インターバルを計ることのできるタイマーアプリを使う方法もあります。

	学習活動と ICT 活用の場	子供の姿 (小学校中学年)
1	場の準備	
2	めあての設定 活動の流れの提示	
3	ゲーム①	あと1分だよ！ この調子でいこう！
	作戦会議①	
4	ゲーム②	
	作戦会議②	
5	ふり返り	
6	ゲーム③	短時間でもしっかり 話し合えるよ！
7	片付け	

運動量
×
ICT

③ ICT の活用でこんなに変わった

・最初は，時間がたりなくて，もっと時間を長くしたらいいのにと思いました。でも，移動のときにてきぱき行動したり，作戦会議では，話すことや話す順番を決めたので，すぐに話し合ったりすることができるようになりました。
・運動する時間が分かったので，時間を見ながら残り時間がなくならないようにして，ゲームをしたりすることができました。

　子供たちは，見通しをもって学習を進め，次の活動に素早く取りかかることができるようになりました。また，教師の指示や説明が減ったことで，運動時間が増えました。

(白神　彰大)

14 心拍数を頼りに自分に合ったペースをつかむ

アイデアを活用した
運動領域　　体つくり運動

中級

スマートウェア※というウェアラブル端末を使うことで，自分の心拍数を，運動をしながらリアルタイムで瞬時に確認することができます。体力は人によって違いますが，心拍数を頼りにすることでそれぞれに合った運動強度を客観的なデータをもとに自分たちで見つけることができます。

① ICT活用で心拍数をリアルタイムで計測，音や色で知らせてくれる

　持久走の授業で，「無理のない速さで，自分に合ったペースで走りましょう」と声をかけることがあります。子供たちの体力は様々ですので，各々が自分の感覚を頼りにしたペースで走ります。しかし，そのペースは，本当にそれぞれの体力差に応じた速さなのでしょうか。同じペースで走っていたとしても，持久力のある子にとっては運動強度としては低いでしょうし，そうでない子にとっては高いものとなります。心拍数で運動強度を測ることもできますが，運動しながら心拍数を測ることは容易ではありません。

　そこで，上記のような課題を克服できるよう，スマートウェアを取り入れました。スマートウェアを着ることで，自分の心拍数がリアルタイムでiPodに表示されます。また，心拍数の下限と上限を設定することで，その数値に満たなかったり，逆に超えてしまったりしたときには，iPodから音声で知らせることもできます。また，下限値を下回ったら青，上限値を上回ったら赤，下限と上限の間に収まっていたら緑というように，画面の色を変えることで，視覚的に捉えることもできます。

※センター・オブ・イノベーションプログラムで研究開発しているウェア。協力：立命館大学，オムロンヘルスケア，東洋紡

58

② ICT の活用方法と授業アイデア

　心拍数で目標とする設定値（例えば120〜150bpm／m）を決め，その範囲内で走れるよう，ペアと協力し，走るペースを調整します。活動の前半は走る人がiPodを持ち，常に心拍数を確認することができるようにします。後半はiPodをペアに渡し，自分の感覚とペアの助言を頼りに走ります。

運動量
×
ICT

	学習活動と ICT 活用の場	子供の姿 (小学校高学年)
1	めあての確認	もう少しで120超えるから，もう少しペースを上げてみて！
2	心拍数の目標値のペースをつかむ	これよりも少しペースを上げるといいんだな。
3	つかんだペースで走る	
4	走る人とペアが交代	
5	心拍数の目標値のペースをつかむ	150超えたよ！少し高くなってきたからペースを落として！
6	つかんだペースで走る	
7	ふり返り，片付け	

③ ICT の活用でこんなに変わった

- ・心拍数が分かったので，だんだんとどのぐらいのペースで走ればいいのかが分かり，とてもやりやすかったです。
- ・今までの持久走はただ走るような感じだったけれど，今回は友達と話しながら走り，いつの間にか終わってるような感じだったから楽しかった。
- ・ニコニコペースのコツ（心拍数は，120〜150）をつかめて，普段でも少し活用してみようと思った。

　授業後，子供たちにふり返りを書かせたところ，持久走について「好きになった」「どちらかといえば好きになった」と答えた子供は8割を超えました。理由は，「自分に合ったペースで走ることができた」「スマートウェアを使って自分の心拍数を知ることができた」が上位でした。心拍数を知ることで，個人に合わせた運動を意欲的に取り組み，楽しみながら運動量を確保することにつなぐことができました。
　　　　　　　　　　　　　　　　　　　　　　　　　　　　　（田中　僚）

15 動き方が分かる，たくさん動ける

中級

　短時間で動きを把握できるよう，動きの動画を視聴できるタブレットコーナーを設け，話合いを通して活動へと促します。タブレット上に活動内容のルールや動き方の動画を提示することで，活動開始時の細かい説明を省き，活動時間を増やすことができます。

① ICT 活用で自然と話合いになる

　新しい種目やスポーツなど，教える内容への出会わせ方を考えることがあります。その際，子供たちにとってあまりなじみのない種目やスポーツであると説明が長くなってしまうということがしばしばあります。

　そこで，タブレットを使って，子供たちに活動の仕方のカードや活動する動画を提示します。グループごとに用意したタブレットでそれぞれ

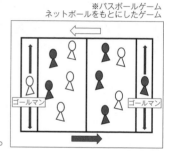

※パスボールゲーム
ネットボールをもとにしたゲーム

※バスケットのコートぐらいの大きさ

のグループが見ます。すると，子供たちは自然に「どうしたらいいの？」や「こうしたら1点だね」と話し合いながらルールの確認をするようになります。

② ICT の活用方法と授業アイデア

　グループ分けした後に，それぞれのグループにタブレットを手渡します。そこで次頁のようなルール（活動の仕方）のカードや動き方の動画を見ることができるようにしておきます。

<ルール>
・ゴールゾーンにいる人（ゴールマン）にわたすと1点
・ボールを持った人はパスかシュートのみできる。
・ボールを持っていない人は動くことができる。
・ボールを持つ人にさわってはいけない。　など

	学習活動と ICT 活用の場	子供の姿（小学校中学年）
1	準備運動	
2	めあての確認と場の準備	
3	ゲーム	
4	共有（ゲームの再確認）	
5	ゲーム	
6	ふり返り	
7	片付け	

運動量
×
ICT

ルールカードを見て確認しよう！

こんなふうに動けばいいんだ！

ゲームの動画も見てみよう！

③ ICT の活用でこんなに変わった

・自然に起こる話合いで運動の内容が分かった！
「ゴールマンにパスを渡せば1点になるんだね」
「相手に当たったらいけないよ。ボールはさわれるんだ」
・やってみてルールを確認することができた!!
「このルールはどうだったっけ？　もう1回確認しよう」

　子供たちは，タブレット上のカードや動画を見ることによって，短時間で視覚的にルールや動き方を捉え，すぐに運動に取りかかることができました。

　動きの内容を理解した子供たちがリードして教え合ったり，必要に応じて動画を止めて，話し合いながらルールを再確認したりすることができるので，教師の説明の時間を省くことができました。

　ICT を効果的に活用した自分や他者との対話を通じて運動量の確保を目指した実践です。　　　　　　　　　　　　　　　　　　　　（白神　彰大）

運動量 × ICT　実践のためのアドバイス

「もっと運動する時間を増やしたい！」

「準備や片付け，説明に時間をかけたくない！」

　体育の授業をふり返って，授業者であるあなたがこのような思いを感じたとしたら，子供たちも同じ気持ちでいるかもしれません。運動量を確保することは体育の学びにおいてとても大切なことです。

　今回紹介した6つの実践では，ICTを利活用して，効果的に運動量を保障することができています。

　タブレットや大型テレビを使って用具の設置図の提示をすることで，活動の場を視覚的に捉え，友達と協力しながら素早く準備や片付けをすることができます。動きの動画を視聴する実践では，動き方やルールを短時間で理解することができます。また，電子黒板に活動時間を提示することで限られた時間を有効活用できたり，めあてを提示することで活動の意欲を高めるだけでなく，友達のめあてや学びを知り，自分と比べることを通して運動の質の高さにアプローチできたりします。さらに，ウェアラブル端末を使う実践では，心拍数をもとにした客観的なデータから自分に合った運動強度をすぐさま見つけることができています。

　運動につながる様々な活動をいかにコンパクトにまとめ，モチベーションを高めながら運動時間や運動量を確保することができるかを考えたとき，ICTの利活用は必要不可欠であると言えるのです。

（松田　綾子）

技能 ICT

―技能を効果的に向上させる授業アイデア

ICTは，従来，観察不可能であった情報を可視化し，動きの改善に生かすことが可能になります。可視化された情報は，子供たちを動機づけたり，子供たちに適切なフィードバックを提供し，効果的な活動を導いたりすることを可能にします。適切にICTを利活用し，未来の体育に必要な学び方を授業という場で実現し，劇的に技能が高まっていく学びをもたらします。このように，主体的に創造的・協働的な学びを通して，運動が上手になっていくプロセスを支援するICT利活用の6つの具体的なアイデアを紹介します‼

（鈴木　直樹）

16 ○○小学校の「ビッグ・データ」を活用して学習しよう

> 教師側が選択したり，子供たちが要求したりした問題解決するための資料を「○○小ビッグ・データ」としてクラウド上にアップします。
> 　子供たちは，必要に応じてその資料を選択し，学習を展開させます。授業中はもちろん，自宅でもタブレット端末を活用して，必要な資料を読み取り，次の体育の学習に役立てます。

① ICT 活用で個に応じた「今，知りたいこと」を解決

　「○○小ビッグ・データ」とは，学校でも家でも閲覧することができるクラウド上にあるデータベースのことです。ここには，体育に関する様々な領域の技能向上のポイントや運動を啓発する情報が，校内の体育部の先生を中心に作成され，動画や PDF 資料・URL 等の様々な形で掲載されています。

フォルダごとに資料名を記して情報を蓄積

　短距離走の時間。なかなかタイムが縮まらない A さんは，「どういう走り方がタイムを縮めるのか」と疑問をもち，もやもやしたまま授業時間が終わりました。そこで，A さんはタブレット端末を持ち帰り，家で「ビッグ・データ」内の資料から「陸上選手に学ぶ走り方」の資料を学び，次の日の体育の学習に活用し，タイムを縮めることができました。

　子供たちは，体育の学習中や家で「今知りたいこと」をクラウド上のデータから選択して学習し，得た知識をもとに，問題解決の糸口としてさらに運動に取り組みます。掲載されていない技能向上に関する情報は，クラウド上の「リクエストボックス」に書き込むと，後日先生からその情報に関する返答や資料，関連 URL 等が「Fun theory（運動啓発通信）」として届きます。

② ICT の活用方法と授業アイデア

　短距離走の時間。運動場の端に置いているタブレット端末を活用し，ビッグ・データ内の「走るフォーム」についてのポイントを確認します。その後，得た情報をもとにして運動を試します。

	学習活動と ICT 活用の場	子供の姿 (小学校高学年)
1	準備運動	
2	めあての確認と場の準備	
3	短距離走(試し)【ピッチ・ストライド等確認】	
	ビッグ・データの活用 動きのポイントをタブレット端末で確認	
4	短距離走（試し）・記録計測	
5	ふり返り・整理運動・片付け	
☆	**ビッグ・データの活用** タブレット端末を持ち帰り，自宅で必要な資料を学習	

どうすれば，もっと速く走ることができるのかな？

ビッグ・データに，短距離走のフォームについての資料があったはず。家に帰って学習して，ノートにポイントを整理しよう。

技能
×
ICT

③ ICT の活用でこんなに変わった

> 　これまでは，走るフォームやストライドについて，あまり考えずに走っていました。「ビッグ・データ」の中から陸上選手が言う理想のフォームを学習してからは，自分のフォームを意識して学習に取り組むようになりました。その結果，練習を重ねるごとにタイムを縮めることができました。

　子供たちは，「ビッグ・データ」を活用した持ち帰り学習と体育の学習を往還させる中で，技能向上のための問題解決の手立てを自ら考えるようになりました。また，運動が苦手な子供たちが，体育の授業のみならず，普段の生活でも運動することや自分の体に興味をもつようになったこともこの取り組みの大きな成果であると考えます。

(川村　幸久)

遅延再生装置を使って自分の動きを素早く確認

🧢 アイデアを活用した 運動領域	体つくり運動 （多様な動きをつくる運動）	 初級

> タブレットで遅延再生できるアプリを使います。なわ跳びをしている活動を撮影し，その映像が活動後に自動で再生されるようになっているので，活動してすぐに動きを確認する即時フィードバックが可能となります。一度起動してしまえばタブレット操作が必要ないため，「練習―省察」を簡単に繰り返し行え，技能を高めることにつながります。

① ICT 活用で簡単に，確実に即時フィードバックができる

「今○○さん，ひっかかっちゃったね」「えっ!?　私ひっかかってないよ。○○くんがひっかかったんだと思ったけど」運動中は，自分たちの姿を客観的に見ることができないので，自分たちの感覚で動作を分析するしかありません。なわ跳びだけでなく，他の運動にもいえることではないでしょうか。そのため，タブレットなどを使い，動画を撮影するという手段をとります。しかし，撮影に関わる操作に時間をとられて活動時間が短くなったり，撮影したと思ったら撮影できていなかったりするなど，新たな問題点がでてきます。

そこで，上記のような課題を克服できるよう，遅延再生装置を取り入れました。タブレットを三脚などにセッティングし，一度起動させてしまえば，その後はタブレットを操作する必要がなく，即時フィードバックができます。また，遅延時間の設定を行うことで，撮影したい長さに合わせることもできます。

② ICT の活用方法と授業アイデア

練習タイムで，セッティングしたタブレットの前でグループごとに演技を行います。演技後，タブレットの映像を見て，グループ内の改善点など出し合います。そして練習。これを繰り返します。

	学習活動と ICT 活用の場	子供の姿 (小学校中学年)
1	準備運動	
2	めあての確認と場の準備	
3	練習タイム① 前時に記録した自分たちの動きや，練習中の 自分たちの動きを見て，精度を上げる	
4	見合いっこ＆アドバイス	
5	練習タイム② もらったアドバイスをもとに，練習する	
6	撮影タイム 今日の成果を動画に記録する	
7	ふり返り，片付け	

15秒に設定したから，サビの前までやってみよう！

演技が終わったらすぐに映像を見に行こう

あっ，僕の跳ぶタイミングが少し早かった。

途中まではうまく跳べているし，次はここから練習しよう！

技能 × ICT

③ ICT の活用でこんなに変わった

・はじめよりもすごくうまくなったし，オリジナル技を考えるのも楽しかったし，協力できて，チームワークがよくなった。

・なわ跳びを跳んで，これはうまくいけたと思ったりだめだったなと思ったりしたときに，この動画があるとそれも確認できるし，直したいところもチームのみんなで教え合えるからいいと思った。

・リズムにのって，みんなの前で見せられるほどなわ跳びが上手になったので，うれしかったです。またいっぱい練習をして発表したいです。

　子供たちは，活動中にタブレット操作を行うことなくなわ跳びに取り組み，活動が終わるとすぐに動きをふり返ることができたので，動きを改善することができました。その手軽さがあったので，タブレットを媒体としてグループ内で「練習―省察」を繰り返すことができ，効率よく，技の完成度を上げることができました。

（田中　僚）

18 音で測ろう 投の運動遊び

アイデアを活用した 運動領域	走・跳の運動遊び （投の運動遊び）

タブレット型端末のアプリを用いて，投げる強さを「デシベル」で測ってみましょう。床に向かって思い切り投げつけることで，「バンッ！」と大きな音とともに「○○ dB」と数値で表されます。

「やったー，82dB だ！」すぐに結果がフィードバックされることで，子供は夢中になって投げ始めます。

1 ICT 活用で狭い場所でもできる

学習指導要領に新たな項目として示された「投の運動遊び」。実践するにも，ボールの数は限られているし，拾う時間がもったいない…。そんな悩みを解決するのが，アプリを用いて「デシベル」で表す本実践です。2ｍ四方という省スペースで行うことが可能で，ボ

投げた強さが「○○ dB」と数値で示されます。無料のアプリがたくさん提供されています。

ールを取りに行く時間が大幅に削減されるため，何度も投げることができ，実運動時間をしっかり確保することができます。結果が数値で示されることにより，子供が自分自身で目標を設定することにもつながります。

何よりも，この「下に向かって投げつける」という運動は，体重移動が身に付く最良の運動の１つ。実は，プロ野球選手も練習に取り入れています。後ろから前へと重心を動かして投げるコツを自然と掴めるようになるのです。

2 ICT の活用方法と授業アイデア

低学年では，様々な活動から「投げる」動きをつくっていくことが重要です。本単元では，「上に投げる」「大きなボールを投げる」「遠くに投げる」そして「下に投げる」という動きの１つとして取り上げました。体育館でロ

ーテーションしながら行うと効果的です。

	学習活動と ICT 活用の場	子供の姿（小学校低学年）
1	準備活動（道具の準備，準備活動）	
2	課題把握 「どうすれば強く投げられるかな」	自分でスタートボタンを押して投げ始めます。次は何dBかな？
3	投げる活動①（ICT を使っての測定）	
4	ICT の情報をもとに自己評価＆動きのコツについて考える（学習カード）	
5	友達と考えを交流する	
6	投げる活動②（ICT を使っての測定）	体重移動がばっちりですね。下に向かって力強く投げています。
7	ICT の情報をもとに再度自己評価する（学習カードに気付きを追記する）	
8	整理活動（整理運動，挨拶）	

技　能
×
ICT

③ ICT の活用でこんなに変わった

授業者の感想

・投げた結果を数値で表すことにより，一人一人が自分に適した目標を設定しやすく，それを達成しようと夢中になって取り組む姿が見られました。

・省スペースでできるため，人数が多くても同時に実施することができ，運動量を確保することにつながりました。

　数値が上がるたび，飛び上がって喜ぶ子供たち。単元が進むにつれて，体育館には大きな音が響き渡るようになりました。体重移動のコツが分かったことで，ソフトボール投げの記録も向上。場所をとられないので，教室やワークスペースの片隅に設置するなど，気軽に運動に親しめる環境づくりにも一役買います。

（河本　岳哉）

19 仲間と動きを共有し，意欲も思考も技能も UP

| アイデアを活用した
運動領域 | 器械運動（マット運動） |
初級 |

> タブレットの動画撮影機能を使って，学習のふり返りと技を記録します。「トリオタイム（3人組）」の仲間全員が順番に撮影することで，必然的に学びを共有することができます。さらに，その時間の自分の学びを言語化することで，自己認識を促し，結果として技能の向上と学習意欲の高まりが見られました。

① ICT 活用で自分の学びを仲間と共有できる

前転で速く回るコツが分かりました。マットに後頭部をつけて回ると上手くいきました。

「○○さん，こんな良いことに気付いていたんだ…」と，授業後に子供たちの学習カードに目を通して，悔しい思いをしたことはありませんか？　せっかく子供が良い学びをしていても，それが個人の中で終始していては，仲間とともに学び，深めることができる体育の良さが半減してしまいます。そこで，毎時間のふり返りに「トリオタイム」という，子供たちが授業の中での気付きや課題を伝え，技を撮影する時間を設定しました。1人ずつふり返りを撮影することで，必然的に友達の学び，動きを共有することができます。また，自分の学びを言語化することで，学習カードでは語られない「いま」の自己と運動との関わりに気付く自己認識や次時の学習への動機付けにもつながります。これまで自分1人でふり返っていた時間が，話した瞬間に仲間と共有でき，相互評価も期待できる新しいコミュニケーションスタイルとして実践しました。このとき，動きが「できた」「できなかった」の結果に注目するのではなく，友達がどのように学んでいるのか，楽しんでいるのかという過程にも注目するよう促しました。

② ICTの活用方法と授業アイデア

　課題解決学習後に「トリオタイム」の仲間で順番に，学習のふり返りと技を20秒以内で撮影し，仲間と共有します（下記「子供の姿」）。

	学習活動とICT活用の場	子供の姿 （小学校中学年）
1	準備運動	
2	ねらいの確認と場の準備	
3	課題解決学習①	
4	全体で意見交流	
5	課題解決学習②	
6	**トリオタイム** （学習のふり返りと技を撮影）	
7	全体でのふり返り	
8	片付け	

子供の姿の欄内:

> もっと側転を上手にしたくて，赤い線に沿って真っすぐ手足を着きました。やってみたら体がグーンと伸びるようになりました。

> ○○君，面白いことに気付いたな！どんな動きになるのかな？

ふり返り

> 本当だ！昨日の側転よりも大きく回れているよ！私もやってみたい！

> あっ！手足だけじゃなくて，頭も赤い線の上にある！

撮影

技 能
×
ICT

③ ICTの活用でこんなに変わった

　「トリオタイム」をすることで，どんどん自分のことが分かるようになりました。また，友達の頑張っていることやすごいことも分かるので，一緒にレベルアップすることができました（第5時での子供の感想より）。

　子供たちは，「トリオタイム」で伝え合うことを通して，自己や運動について気付いたり認識したりしました。その結果として，技能が向上し，「もっとできるようになりたい！　分かるようになりたい！」と意欲も高めていきました。単元の初めは，伝えることが苦手な子もいましたが，単元を通した「トリオ」という仲間がいることで，全員が自分の学んだことに自信をもって語ったり技を見せたりすることができるようになりました。体育は，子供の動きが表出され続ける「身体」で学ぶ教科であるからこそ，それをあえて包み隠さず伝え合うことに大きな意味があると実感することができました。

（岩城　節臣）

20 臨場感あるブレのない映像で動きをふり返り

ボール運動（ゴール型）

中級

教師が小型ジンバルカメラを子供の目線で持ってコートに入り，ゲームでの動きを記録します。その臨場感あるブレのない映像を動きのふり返りの場面に活用することで，トライにつながる具体的な動きをイメージすることができます。動きのイメージができることで，どのタイミングでボールを受ければよいのか判断し，動くことができるようになります。

① ICT 活用でトライにつながる動きを捉える

「先生，パスを受けるタイミングはどうしたら身に付けられますか？」

運動が苦手な子供にとっては，自分がどのタイミングでどこから動けばよいのかをチームの仲間や授業者に求めてきます。その課題の解決のためには，ゲームに取り組む中で何度も繰り返し試していくだけで動きは身に付いていくのでしょうか。もし，動きのふり返りの場面の中で具体的な動きのイメージをさせることができるなら，もっとゲームの中で課題を解決しようと繰り返し活動するに違いないと考えました。

そこで，上記のような課題を解決できるよう，撮影者が動いてもカメラを一定の向きに保ち，揺れや傾きを軽減できスムーズな映像を撮影できるようになる小型ジンバルカメラを活用して，記録した映像をふり返りの場面で活用しました。

② ICT の活用方法と授業アイデア

ゲームの映像を授業者が撮影をします。撮影した映像をその場で見せるのではなく，チームごとに分け校内ネットワークのフォルダに格納し，チーム

の仲間とその映像を視聴し，ふり返りをさせます。その映像で課題につながる場面を画像として印刷をし，次時で試すことを確認させます。

	学習活動と ICT 活用の場	子供の姿（小学校高学年）
1	チームで準備運動	
2	前時の映像のふり返りで話し合ったことを確認する	
3	ゲーム①（授業者がゲームの様子を撮影する）	
4	チームで話合い（チームの課題を話し合う）	
5	ゲーム②（授業者が各チームの課題となる場面をねらって撮影する）	
6	チームで課題を確認する	
7	片付け	
8	休み時間にチームで映像のふり返りをする	

もっと後ろに下がってスピードに乗って走り込んで来てよ！

さっきパスをもらうタイミングが合わなかったね。

スピードに乗ってパスがもらえるようにもっと離れておこう。

これぐらい後ろに下がればいいのかな。

技能 × ICT

③ ICT の活用でこんなに変わった

・ドローンで撮った映像のように映像がブレなかったので見やすく，自分たちの動きをふり返ることができました。
・映像を見ることで，パスを受け取るために動き出す位置がよく分かり，ボールを持った人に近づきすぎてはいけないことがよく分かりました。

　ゲームでは，味方からのパスをスピードに乗って受けるために，動き出す位置を何度も確認していました。うまくいかなかった場面をよく覚えておくように伝え，チームで映像を見ながらふり返りをさせました。その結果，ボールを持たない人の位置がボールを持つ人の近くにならないよう確認し，そのことを次時のゲームの始めで伝え合い，ゲームに臨むことができました。

（榊原　章仁）

「跳び箱 VR」で動きの感覚を追い求めよう

アイデアを活用した運動領域　器械運動（跳び箱運動）

VR コンテンツを視聴することで，子供はまるでその空間にいて，実際に自分が技をやっているかのような没入感を味わうことができます。そして目指すべき姿（感覚）をイメージしながら，自分のめあて（どうやったらできるようになるのか）を決めて，解決に向けて進んで活動に取り組んでいきます。

① ICT 活用で「跳ぶ感覚」を追求

VR は様々な分野での研究が進んでいます。教育分野においても，VR の特性である「現実に近い再現性」や能動的な体験による「高い意欲の持続」を活用して，世界中で実践事例が増えています。本事例では，

VR の特性である「没入感」に着目し，器械運動「跳び箱運動」で味わうことのできる「感覚」を重視した授業実践を紹介します。

② ICT の活用方法と授業アイデア

まず HMD（VR 用ゴーグル）とスマートフォンを準備し，高い跳び箱を跳び越しているプレイヤーの目線で撮影され，編集された VR コンテンツを視聴します。VR を視聴することで，あたかも自分が跳び箱を跳んでいるような感覚を味わうことができます。視聴後に，指導者は，「跳べる感覚」がどのようなものであったかを問います。子供たちは味わった感覚を大切にしながら，自分のめあて（どうやったら，味わった感覚に近づくことができるようになるのか）を考えます。めあてを設定したら，課題を解決するための

場を準備（選択）します。それぞれの場で個人で解決していくこともあれば，グループで関わり合いながら活動を展開する場合も考えられます。VRを活用することによって，指導者が設定した全員共通の課題ではなく，子供たちが味わった「跳べる感覚」から課題が設定されます。また能動的な体験から，より高い関心をもち，進んで活動に取り組む姿が見られるのではないでしょうか。

技能
×
ICT

	学習活動とICT活用の場	子供の姿 (小学校高学年)
1	準備運動	跳んでいるときは，「フワッ」とした感じがしたよ！ どうやったら，さっきの「跳んだ感じ」になるかな。
2	場の準備	
3	跳んでみる（既習事項確認）	
4	VR視聴	
5	学習課題の設定	
6	追求する 設定した課題を追求する	踏切板を強く踏み込んだら，さらに「フワッ」と跳べた！ 着地するときの「ドンッ」の音は，どうやったら出るのかな。
7	整理運動	
8	片付け	

③ ICTの活用でこんなに変わった

・「跳び箱VR」で，自分が跳んでいるような感覚になりました。フワッと軽く跳んでみました。
・「跳び箱VR」は，お手本の視点で跳び箱を跳ぶのを見ることができるから，テレビより分かりやすかった。

　「跳び箱VR」を活用することで，器械運動が得意である子も，難しさを感じている子も，自分の味わった「跳べる感覚」に近付くように進んで課題解決に取り組み，技能を高めていました。今後は，他領域でもVRが活用できるのか可能性を探っていきます。

（澤　祐一郎）

技能 × ICT 実践のためのアドバイス

　運動種目特有の楽しさ・喜びを味わいながら技能を向上させることは簡単なことではありません。異なる能力の子供たちに教えるのですから，なおさらです。しかし，ICT を活用することで，そんな課題を克服し，効果的に技能を高めることができます。

　本書で紹介した遅延再生装置を導入した実践では，フィードバックを効率よく適切に提示して繰り返し練習することで，それを実現しています。また，デシベルを使った実践では音，ジンバルを使った実践や VR を使った実践ではプレイヤーの視点といった普段は視覚化することが難しい情報を可視化して提示して，子供たちの評価行為を学習と密接に関連付けて技能向上につなげています。さらに，ビッグデータを用いた実践では，個別最適化した学習を展開するために，多様なデータをクラウド上に蓄積し，それを子供たちのニーズによって活用して，練習できるように工夫しています。加えて，トリオタイムを活用した実践では，協働的に学習を進めることで，個の課題への気付きを促し，技能を向上させることができています。このように ICT を利活用することで，マネジメントを効果的にして運動量を増やし，普段では提示できないような評価情報を提供し，深い学びにつながる豊かなコミュニケーションを授業の中にもたらすことができます。その結果，効果的に技能向上を保障することが可能となっています。

（鈴木　直樹）

課題発見・課題解決 $\frac{4}{}$

×

ICT

―課題発見・課題解決を容易にする授業アイデア

なぜ，「課題発見・課題解決×ICT」なのでしょうか。

それは，日本や世界を取り巻く環境が前例のない状況に置かれているからです。変化の激しい社会では，前例のみに頼ることなく，迅速かつ的確な課題発見・課題解決が求められます。この力は，思考の可視化や瞬時の共有化などの ICT の特性を掛け合わせることで，大きな力となります。とりわけ，課題発見・課題解決への貢献が期待でき，課題解決に先立って，課題発見を位置付けたことも大切です。前例のない事象にぶつかると課題は見えにくいものです。まずは，この課題を発見することが出発点になり，次に解決へと進みます。課題を解決するにはまずは課題を発見する必要があります。

それでは，課題発見・課題解決を実現する ICT 利活用の実践を6つ紹介します！

（鈴木 一成）

22 「データ持久走」で自分のペースを見つけよう

| アイデアを活用した
運動領域 | 体つくり運動（動きを持続する
能力を高めるための運動） | 初級 |

> Excel に計算式を記入しておき，データを子供に配布します。自分の記録をタブレットに打ち込むことで，１周ごとにかかった時間や，授業ごとの距離数の変化について把握しやすくなります。自分の記録に着目することで，自分の走り方について，課題を見つけやすくなるような実践です。

① ICT 活用で自分のペースが見つかる

学校ごとに持久走の取り組み方には違いがあります。設定時間内に走った距離数を測ったり，設定した距離にかかった時間を計測したりすることが多いでしょうか。

多くの場合において子供たちが着目するのは，走ることのできた距離数やかかった時間です。人とそれらを比較して一喜一憂するのではなく，自分の体の動きを高めるために，「自分のペース」に目

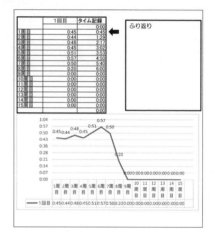

が向くような授業内容の工夫が必要なのではないでしょうか。

そこで，上記のような課題を克服できるような工夫として考えたのが，「データ持久走」です。「データ持久走」は，タブレット PC を活用します。走った距離数やかかった時間を「Excel」で毎時間記録することで，単元を通した自分の取り組み方の変容をふり返ることができます。また，周回ごとにかかった時間を記録することで，即時に「１周にかかった時間」が測定できるようになっています。「自分の走るペース」を知ることが，体力（ここ

では持久力）の向上につながっていくのではないかと思います。

② ICT の活用方法と授業アイデア

　2人一組になり，走る人と記録する人に分かれます。記録する人は，走っている人のタイムを記録し，1周ごとにかかった時間を声かけします。走った後には，その日に走った総距離と，前時までに走った毎時間の総距離を比較して，走り方のふり返りを行います。

	学習活動と ICT 活用の場	子供の姿（小学校高学年）
1	準備運動	1周30秒！少しペースが速いよ！
2	めあての確認と場の準備	
3	持久走①（1人目）	30秒か。もう少しペースを落とさないとな
4	ふり返り① 走り方への気付きを伝え合う	今日走った距離は，11周半だったね！前と比べると，走る距離が伸びてきているね！
5	持久走②（2人目）	
6	ふり返り② 走り方への気付きを伝え合う	記録が伸びてきて，嬉しいな。次は，後半もう少し速く走ってみよう。
7	整理運動・片付け	

課題発見
課題解決
×
ICT

③ ICT の活用でこんなに変わった

・「データ持久走」は，数字を入れただけで，1周のタイムが分かって便利だと思いました。グラフになるのも分かりやすかったです。

・「データ持久走」で，自分の1周ごとのタイムや，走った距離が分かって，自分がどうやって走っているか知ることができました。

　「データ持久走」を活用することで，子供たちは人との比較ではなく，自分のペースや取り組み方に目を向ける機会が増えたように感じます。自己調整しながら自分の課題に気付き，解決していく姿を目指します。

（澤　祐一郎）

23 動画や音声の記録と教師からの問いにもとづいて何が問題なのか考えよう

アイデアを活用した運動領域　　ゲーム（ベースボール型ゲーム）　　初級

> ゲーム様相や子供の気付き等をもとに，ゲームの様子を撮影した動画から取り上げる場面を決めます。ICT の活用で視覚的に状況を把握させ，何が課題なのかを考え，解決の糸口を探します。

① ICT 活用で「あのとき」を共有する

「あのとき，もっと前で守ってよ！」「あのときは，１塁の方に投げた方がよかったよ！」チームの改善点に気付いた子供は，仲間に「あのとき」はこう動いてほしいと訴えます。しかし，「あのとき」の状況がチーム内で共有できなければ，何が問題であったかも共有できず，改善することはできません。

そこで，ICT を活用し，ゲームの様子を撮影して画像を見返すことで「あのとき」の状況を捉えやすくなります。そこから，チーム内で改善策を考えることができます。つまり，ICT によって「あのとき」を共有し，何が問題であったかを考え，改善することにつなげることができるのです。

② ICT の活用方法と授業アイデア

本実践では，学級全体で「あのとき」の共有を図るために，①まず，ゲームの様子を教師が動画撮影する，②次に，ゲーム様相や子供の発言等から全体で取り上げる場面を子供と絞る，③そして，何が問題なのかを考えさせるようにしました。また，ゲームの後にチームで10秒間の音声を録音して，活用することもできます。なお，動画での情報量が多くならないようにするために，適宜，静止画の提示も行い，思考が焦点化できるようにしました。

	学習活動と ICT 活用の場	子供の姿（小学校中学年）
1	ゲーム	
2	**学級全体で状況判断について考える** 教　師：この写真は，どんな場面か分かるかな？ 子　供：1塁にランナーがいるとき。 教　師：攻める人はどうしたいかな？ 子　供：ランナーを次の塁に進めたい。 教　師：では，守るチームは，この守り方でいいかな？ 子　供：○○さんがもっと前で守った方がいいと思う。 教　師：ランナーがどの塁にいるかで攻め方や守り方は 　　　　変わるんだね！	
3	ゲーム	

課題発見
課題解決
×
ICT

③ ICT の活用でこんなに変わった

授業者の感想

・「ちょっと待ったー！」ゲームの中断を求める声。その後，仲間に「3
塁でアウトをとるために，○○さんはもっと前で守ろう」などと声をか
ける姿がありました。

・子供の中には，「デジタルカメラを貸してほしい」と自らカメラを持ち，
ゲームの様子を撮影する子がいました。そして，その撮影した動画や静
止画をもとに，発見した問題を伝え，アドバイスする姿が見られました。

ICT の活用で，何が問題か考える機
会を設けたことで，「あのとき，こうす
ればよかった」と事後に伝えるのではな
く，事前に問題を伝え合い，改善しよう
とする姿が見られるようになりました。

また，単にゲームをするだけではなく，ゲームから学ぶという姿も見られる
ようになりました。

（中嶋　悠貴）

24 動線が見えるアプリを使って，どう動けばよいか考えよう

アイデアを活用した運動領域　ゲーム（鬼遊び）

初級

> タブレットの動画撮影機能を使用して，子供が走り抜ける様子を撮影します。その後，アプリ（Coach's Eye）にて，走った軌跡を線に表すことにより，動きを可視化します。すると，「そうか，鬼のいないところに向かって走るんだね」「ジグザグに走るといいよ」と，子供たちは課題解決に向かって歩み始めます。

① ICT 活用で "道" が見える

　鬼遊びの授業では，子供が隙間をいかに見つけられるかが勝負の分かれ目です。そのために，「あの子の良い動きをもとに，一人一人の思考を深めたい」と教師が願うこともあるでしょう。しかし，低学年の子供にとって，瞬間的な動きを捉えることは至難の技です。

そんなときにこそ ICT 機器の出番となります。動画撮影用アプリを使用し，動きをスロー再生したり「隙間」や「走った軌跡」を線や印にして表したりすることにより，良い動きを鮮明に捉えることにつながるのです。

　運動が苦手な子でも，見えなかった "道" が見えるようになることで，課題を把握し，解決の見通しをもって運動に取り組む姿へとつながります。

② ICT の活用方法と授業アイデア

　「隙間を抜けるためには」と課題を焦点化したあとに，前時に予め撮影しておいた良い動きを提示します。「そこに隙間があるよ！」「○○くんがきゅっと曲がったよ」などの子供の声をもとにして線を書き込んでいきます。子供たち自身が見つけたことを可視化していくのです。

	学習活動と ICT 活用の場	子供の姿（小学校低学年）
1	準備運動	
2	ドリルゲーム	
3	学習課題の把握「鬼が３人に増えても隙間を通りに抜けるには？」	
4	モデルの提示	
5	タスクゲーム	
6	メインゲーム	
7	整理活動	

○○君は，鬼が増えたのに，どうやって抜けることができたのかな。

分かった！隙間を見つけたよ。○○君の動きも見えたんだ。

課題発見
課題解決
×
ICT

③ ICT の活用でこんなに変わった

授業者の感想

「もう一回見せて」「もう少しゆっくり再生して」といった子供の思いにすぐに応えられる瞬発力。「ここに隙間があるんだよ」と子供が見つけた解決法を画面に表すことができる表現力。この２つを兼ね備えていることにより，子供の思いに寄り添いながら，ともに学びを創り上げることができました。

一瞬で消えてしまう "動き"。しかし，ICT 機器を用い，良い動きを可視化・共有化したことで，運動の得意不得意にかかわらず，どの子も「この動きができれば，通り抜けられるぞ」と明確な目的意識をもって運動に取り組むことにつながりました。

（河本　岳哉）

25 「デジタルノート」を活用して 伝え合いながら課題解決

アイデアを活用した運動領域	球技（ネット型）

> タブレットで撮影したゲームの様子やゲームから見えてきた課題について，作戦ボードをデジタルノートとして活用します。デジタルノートでは，実際のホワイトボードと同じように記入できたり，簡単に保存できたりするので，お互いに気が付いたことを伝え合いながら，対話的で深い学びにつながっていくことが期待できます。

① ICT の活用で，伝え合いながら課題解決

　学習場面において，先生方が子供たちの課題となると思った場面でも，ゲームに夢中になっている子供たちと共有することは困難だと思います。しかし，ゲーム場面を俯瞰的に撮影したり，子供たち自身が意図をもって撮影したりした映像は，子供たちにとって意味のある情報になり，そこから多くの

課題発見につながります。そこで，撮影した映像やタブレット上の作戦ボードをデジタルノートとして活用し，子供たちの課題発見と課題解決に向かう学習活動を展開しました。

② ICT の活用方法と授業アイデア

　自分たちで意図した撮影をするため，意図をもった課題解決の話合いにつながると考えました。また，デジタルノートの作戦ボードを扱うことで，思考段階を簡易な操作で，すぐに変容させることができるので，子供同士の関わりも頻出し，より対話的で深い学びに向かうと推察できます。

	学習活動と ICT 活用の場	子供の姿（中学校）
1	ウォームアップゲーム	
2	ゲームのめあてと課題の確認	
3	ゲームの撮影① ゲームでの動きや作戦を予想してゲームを行い，その様子をドローンで撮影	
4	ふり返り　デジタルノート活用	
5	ゲームの撮影② ゲーム①のふり返りを生かして，ゲーム②で考えた動きなどを発揮	
6	ふり返り　デジタルノート活用	
7	本時のふり返り，片付け	

課題発見
課題解決
×
ICT

③　ICT の活用でこんなに変わった

・友達に見せたい映像を撮影したので，ふり返りの場面で，ビデオを見せながらいろいろな話合いができた。
・作戦ボードを活用して，書いたり，言葉を録音したりしたことを記録できたから，次の時間も前回何をしていたかを思い出しやすかった。

　子供たちが活用した映像情報は，自分たちで意図した撮影映像だったため，自分たちの動きやチームの課題について，ゲームをふり返りながら深く考えている様子が見られました。デジタルノートは，簡易的に操作できるうえに保存も簡易的にできるので，子供自身が単元を通じて何を学んでいるのかを把握しやすい様子でした。ふり返りの場面では，チームメイトと自分たちの課題を共有しながら，対話的な学びを通じて，深い学びに向かっている様子が見られました。

（大熊　誠二）

26 授業内ネットワークで共有した動画から，協働して課題発見・課題解決しよう

中級

　各グループのタブレットを授業内 LAN でつなぎ，授業のふり返りで「今日の1番のプレイ」をメインサーバーにアップロードします。それを次時の授業の始めに子供たちはアップロードしてある自他チームのプレイをヒントにして，自分たちの課題を見つけ解決していく実践です。

1 ICT 活用で課題に気付き，めざす動きのイメージができる

　試合の映像を録画したが，映像が多すぎてどの映像をふり返えるとよいのか，録画が長すぎてふり返る時間がかかるなど，困っている経験はありませんか。また，ただ見ているだけでは課題が明確にならず，主体的な活動につながらないと困ったことはありませんか。

　そこで，このような課題を克服できるよう，試合の録画は攻撃だけにします。また，授業のふり返りでは「今日の1番のプレイ」のみ，メインサーバーにアップロードします。それを，次時の課題確認の時間にチームで見て確認します。それを繰り返し行い，それぞれのチームから短く撮られたよいプレイを確認することで，課題に気付き解決するためのめざす動きのイメージが構築され，主体的に取り組んでいけます。

2 ICT の活用方法と授業アイデア

　メインサーバー用 PC1台・ルーター1台・タブレットをチームに1つ・集中管理用タブレット（教師用）1台を使って LAN システムを組みます。ソフトは，「体育実技スキルアップ支援ソフト」（東京

書籍）を使用します。

	学習活動と ICT 活用の場	子供の姿（小学校高学年）
1	準備運動	
2	課題発見・解決の見通しをもつ 映像をもとに作戦会議	
3	ゲーム①（攻撃を録画）	
4	映像で確認をしながら作戦会議	
5	ゲーム②（攻撃を録画）	
6	チームでふり返り 映像を通して，友達の動きや気付きを伝え合う	
7	「今日１番のプレイ」をアップロードする	

自分のチームと他のチームを比べると，課題がよく分かるよ。

このチームのプレイはいいね。作戦に取り入れてみようよ。

タブレットはしっかり固定して，攻撃のみ録画をするんだよ。

課題発見
課題解決
×
ICT

③ ICT の活用でこんなに変わった

- ・毎日「今日１番のプレイ」を１つアップロードすることは，自分たちができているところやできていないところが分かった。自分たちがどうすれば点が入るかも分かった。
- ・毎日それぞれの班の良いプレイと自分の班を比べることは，自分の班の課題が分かり，めざす動きのイメージをもつことができた。

　子供たちは，「今日１番のプレイ」をアップロードすることを通して，良いプレイのイメージを構築していきました。さらに，他の班の「今日の１番のプレイ」を見る活動も行ったこともあり，自分たちの課題と解決する見通しをもつことができました。その中で，めざす動きのイメージをチーム全員が共有することができ，それぞれの役割を把握し試合に臨むことができました。ICT を活用することでより深い戦術を考えることができました。

（角谷　諭）

27 ドローンで，自分たちの攻め方・守り方を探ろう

　ドローンを使用してゲームの様子を撮影します。今までに見たことの無い視点を提示することで，子供たちが「考えていること」を「もう一度考えるような活動」を展開することができます。その結果，認知を深めていくことができるので，主体的に学びに向かう態度につながるメタ認知の育成が期待できます。

1 ドローンの活用でふり返り場面が変わる

　ゲームの学習場面で「もっと○○したら，今の場面はゴールにつながった！」と，子供たちに答えを教えたくなる経験は，多くの先生方が感じられることだと思います。しかし，ゲーム場面等で発見された課題を技能

発揮したり，思考・判断したりしながら，解決に向かう過程が求められる中で，教師から先に答えを示してしまうことは，子供たちの主体的な学びにはつながりません。そこで，本実践ではドローンによる上空からの撮影映像を用いて，ゲーム状況の把握や，戦術的な気付きを促すことを大切にしました。

2 ICT の活用方法と授業アイデア

　考えていることをもう一度考えるために，ドローンで撮影した映像情報が活用できると考えました。今までに見たことの無い映像の世界からは，子供たちの新しい思考判断や，学びに向かう態度につながっていくと期待できます。

	学習活動と ICT 活用の場	子供の姿（中学校）
1	準備運動	
2	ゲームでのテーマの確認と準備 （スペースの活用）	今，上空のドローンからは，逆サイドに進むところが撮られているハズ！ シュートするために，私は前の方に動いてみるよ！
3	ゲーム① ゲームの撮影① チーム内の動きや作戦を練ってゲームに臨み，その様子をドローンで撮影	
4	ふり返り	
5	ゲーム② ゲームの撮影② ゲーム①のふり返りを生かして，ゲーム②で修正	右側は，私が守るから，左側お願い！ ドローンから見ると奥行きが確認できるね！
6	ふり返り，片付け	

課題発見
課題解決
×
ICT

③ ICT の活用でこんなに変わった

- ・「自分」だけでなく「みんなの動き」が見える！　分かる‼
- ・このときは相手と距離をとるためにバックステップしていたんだよ。
- ・今後ドローンでこの角度から撮影したい！
- ・ディフェンスが伸びきっているから攻めやすそう。空間を埋めたい！

　ドローンの映像を通して，実際のゲーム場面を具体的に思い出して語れること，立体的にスペースや動きが把握できる点は，一人一人意味をもったメタ認知の深まりを促していると思います。特に，いつもならうまく言葉が出てこない子供も，映像を見ながら発問をかけることで，表現や気付きの質が深まっている様子が見てとれました。今後ドローンの映像を介して，何をふり返らせるべきか，よく吟味をして，実践に臨みたいと思います。

(菊地　孝太郎・大熊　誠二)

撮影協力：FPV ROBOTICS INC.　代表　駒形政樹

課題発見・課題解決 × ICT 実践のためのアドバイス

　子供たちの課題発見・課題解決は3つのICTの特性が支えています。

　Excel計算式によるデータは，1周ごとの時間や距離の変化が分かり，現状の持久走のペースを知る手掛かりがあります。毎回，ひたすら走ってペースをつかむのではなく，距離と時間の観点を定め，速さの変化を記録することで，自分のペースの課題を見つけやすくしています。運動過程の数値化から傾向をつかむことで，課題発見を支えています。

　タブレットや動線がみえるアプリを使った実践では，動画や音声の記録から動き方についての思考の可視化ができ，何が課題なのか，どう動けばよかったのかを考えることができます。刻一刻と変化するゲーム状況と，一瞬で消えてしまう動きを学ぶ対象とする体育授業において，ICT利活用による思考の可視化は，課題発見・課題解決を支えています。また，デジタルノートと授業内ネットワークは，瞬時の共通化というICTの特性を生かして，協働的な課題発見・課題解決を図る実践です。これら一連の実践は，チーム内からチーム内外へと瞬時に共通化する範囲を広げています。

　このように運動過程の数値化，思考の可視化や瞬時の共有化というICTの特性は，子供たちの課題発見・課題解決を支えています。それと同時に，子供たちの知的好奇心や探究心も育んでいます。とりわけ，ドローンによる俯瞰的なゲーム観察は，これまでにない新鮮な視界との出会いとなります。多様な視点や観点に立って対象をみることで，チームの攻め方や守り方のビッグアイデアに期待も膨らみます。

（鈴木　一成）

思考力 × ICT

5

―思考力を向上させる授業アイデア

　ICT は，新しいコミュニケーションスタイルを生み出します。そして，子供たちは，そのようなコミュニケーションの中で，これまでとは異なった思考を行うことができ，身体活動と思考を有機的に結び付け，かつてないほどの深い思考を促し，結果的に思考力を向上させることができます。身体活動と思考を一体として深い学びを実現する ICT 利活用の８つの具体的なアイデアをご紹介します‼

（鈴木　直樹）

28 学んだことを使って実況中継

アイデアを活用した 運動領域	ボール運動（ゴール型）

> タブレットの動画機能を使って，バスケットボールのゲームを撮影します。撮影する際，学習した戦術をもとに，攻め方や守り方の解説をしながら撮影し，ゲーム直後のふり返り活動で活用します。解説を取り入れることで，解説をする子供たち，ふり返り活動をする子供たちどちらにとっても戦術理解が進みます。そして，子供たちにとっても教師にとってもより正確な評価活動につながります。

① ICT活用で戦術理解が進み，それを評価し，次のゲームへつなげる

　ゲームを行うだけで，戦術理解が進まない…という経験はありませんか？　ゲームを行った直後，実況中継を生かしながらふり返り活動を行います。ゲームに参加した子供たちは，自分の動きを客観的に見るだけでなく，解説も聞きながら，戦術理解を進めることができます。また，解説を行う子供たちも，ただ撮るだけでなく，解説を行うとこで，戦術理解を進めることができます。さらに，戦術理解にもとづき，ゲームを評価することで，次のゲームへつなげていけます。

　「する」だけでなく，「みる・支える・知る」を関連付けた主体的な活動を行うことができる。それが，「実況中継を使ったふり返り」です。

② ICTの活用方法と授業アイデア

　ゲームを行わないチームから2人の子供たちが，タブレットを使ってそれぞれのチームの解説を行います。ゲームを行っている位置より高い位置から解説することで，俯瞰して解説をすることができます。ゲームとゲームの間で「実況中継を使ったふり返り」を行うことで，戦術理解が進み，それを評価し，次のゲームへつなげます。

	学習活動と ICT 活用の場	子供の姿（小学校高学年）
1	準備運動	
2	めあての確認と場の準備	
3	ゲーム	
4	実況中継を使ってふり返り	
5	ゲーム	
6	実況中継を使ってふり返り	
7	ゲーム	
8	片付け	

解説の通り，確かに，手を挙げて守備をすると，攻撃しにくそうだね。

三角形の形で立ち，ゴール前で手を挙げて守備をすると，点を取られにくいね。

解説で確認した，ボールを出したら，ゴール前へ走ってシュートをねらうぞ！

解説の通り，先にボールを触れさせないように守るぞ。

③ ICT の活用でこんなに変わった

授業者の感想

・実況中継を使ったふり返りを行ったことで，ゲームを見ている子供たちからも「得点を決めたら，すぐにゴール前に戻って，守って」「攻めるときは，敵のいないところでシュートをして」など，思考力の高まりから，具体的なアドバイスを言う様子が見られました。

・実況中継を使ったふり返りを行ったことで，戦術理解が進み，チーム練習のときには，チームの特徴を生かしたシュート練習をしたり，相手チームの攻撃や守備を想定した練習を行ったりする様子が見られました。

思考力
×
ICT

　子供たちは，ゲームを進めていく中で，次のゲームで行いたい攻め方や守り方に関する考えが具体的になっていきました。また，ゲーム中に，自分のチームの良さを考えたり，相手チームの作戦を意識したりしてゲームを行う姿も見られ，攻防を楽しんでいる様子が見られました。このような姿から思考力の高まりを感じました。

（辻　真弘）

29 「10秒間」でふり返りを記録

初級

> タブレットの動画撮影機能を使って，「10秒間」でふり返りを記録します。「10秒間」という短時間でふり返ることで，仲間に伝えたいことを整理したり，自分やチームに必要なことは何かを簡潔にまとめたりすることは，思考力の育成につながります。

① ICT活用でコンパクトに思考を整理できる

授業の終末。ゲームの内容をもとに，数名の子供がふり返りを発表し，全体で共有するという場面をよく見かけます。

しかし，その活動は一人一人の子供に考えさせる場として成立しているのでしょうか。

そこで，私たちは，全ての子供に自分の考えを表現する場を設定しました。

ゲーム終了後，自分や仲間のプレイについてふり返る活動を仕組みます。メンバーが順番に1人ずつ，10秒間で自分の思いを表現し，その様子をタブレットで撮影します。

はじめは，10秒間で自分の考えをまとめるということに驚きを隠せない様子の子供がたくさんいました。しかし，回数を重ねるごとに設定された時間内に，仲間に伝えたいことは何か，現時点で自分たちのチームに必要なことは何かを考え，整理してまとめ，表現できるようになりました。

② ICT の活用方法と授業アイデア

はじめのゲームの後に5名程度のチームのメンバーが順番に，気付きを10秒間で撮影しながら全員で共有します。その映像をもとに全員で思考し，次のゲームへつなぎます。

	学習活動と ICT 活用の場	子供の姿（小学校中学年）
1	準備運動	ぼくは，ネットギリギリのところで来たボールを止める方法を考えたよ！ 私もやってみたいな！何かコツはあるのかな？
2	めあての確認と場の準備	
3	ゲーム	
4	10秒間ふり返り① 自分が工夫したことを伝え合う	
5	ゲーム	後ろから打つ作戦が何度も成功しました！次はラインのギリギリをねらってみます！ 後ろから打つ作戦ではそれまでのパスが大切だね！
6	10秒間ふり返り② 友達の動きやチームの作戦について気付いたことを伝え合う	
7	ゲーム	
8	片付け	

思考力 × ICT

③ ICT の活用でこんなに変わった

> ぼくは，ゲームの中でチャレンジしたことの中から「後ろからアタック作戦」を選んで10秒間でふり返りをしました。どうやったら10秒で伝えることができるかを一生けん命考えてやり方やコツを短くまとめました。今日の体育はいっぱい考えました。楽しかったです。

「10秒間」でふり返りを記録するという活動を位置付けることで，自分や仲間の動きについてフィードバックしながら，伝えたい内容を吟味する，簡潔にまとめる，動きのよさやコツを見いだす等，子供たちは思考を繰り返しながら学びを深めていきました。 　　　　　　　　　　　　（梶山　歩美・松田　綾子）

30 ふり返り映像とともに問いかけを提示

　子供たちがタブレットで撮影した映像をもとに，タブレットのアプリなどを活用して，教師側の視点からチームの課題発見につながるようなコメントを残します。次時の導入の時間に，その動画と教師の問いかけをセットで提示することにより，各チームのめあてが明確になり，主体的に取り組むことができます。

① ICT の活用で各グループにスムーズな指導

　バスケットボールのような単元では，クラスを複数のチームに分けてゲームに取り組むことが多いといえます。そして，チームごとに抱えている課題が異なっていく場合がほとんどです。したがって一斉に指導することが難しく，個別に指導する場合は，時間もかかってしまい活動時間を減少させてしまうことにもなりかねません。

　しかし，ICT を活用するとスムーズに授業が展開され，チームに合った指導をすることができます。授業の中で，チームの中の1人が撮影者となり，タブレットでゲームを撮影しました。授業後，各チームの動画を見て，教師側の視点から，「次は，こんなことに挑戦するともっとよくなりそうだね！」など，子供たちが撮影した動画にコメントをつけて（私は，アプリで編集しましたが，ファイル名にメッセージをつける方法もあります），次時の導入の時間に，各チームごとに確認させたり，あえて課題のある動きをした動画を見せ，「少し話し合ってほしい場面…」など，ヒントとなる動画から自分たちで課題を見つけられたりできるよう投げかけました。チームごとに抱える課題を一気に指導できることは，ICT の強みです。

② ICT の活用方法と授業アイデア

　前時で撮りためた動画から，教師が各チームごとに抱えている課題に気付くことができるような動画を選んで準備しておきます。

	学習活動と ICT 活用の場	子供の姿 （小学校高学年）
1	**前時のふり返り** 教師が見てほしいメッセージ付き動画を見て，本時のめあてを話し合う	この場面では，1人で行くよりも，みんなにパスを出した方がよかったね！
2	準備運動	
3	ゲーム	前の時間の作戦は良かったね。この動きをもっとやっていこう！
4	**作戦タイム** 相手に応じた作戦を立てる	
5	**ゲーム** 作戦ができているか確認するためにタブレットで撮影をする	この場面はどう？
6	**ふり返り** 作戦ができたか，いい動きができたか動画でふり返りを行う	
7	片付け	いい動きができているね！

思考力 × ICT

③ ICT の活用でこんなに変わった

　授業の導入時から，教師の問い付き動画を確認することで，実際の学習場面でニーズのある問題発見につながることができました。チーム全員が課題を共通理解することで，ただ勝てばいいというゲームではなく，一つ一つのゲームで確認をしながらゲームに参加している姿がありました。「今まで止まっていた友達が，スペースに走ることで速い攻撃をすることができた」とふり返ったチームがありました。自ら問題発見し共通理解をすることで，解決をしていく思考の向上が見られました。ふり返り動画にメッセージを送ることで，教師の思いまで届くことができるようになりました。

（山口　正貴）

31 仲間と考えをシェアして，思考を深めよう

　同時共同編集機能で協働学習に活用するソフト「コラボノート」をタブレットで使い，記録などのデータ，そして具体的な一人一人の課題やできていることを記録します。今まで子供がチームカードを用いて書いていたことが，それぞれのタブレットから書き込むことができ，仲間と考えを瞬時にシェアすることができます。

① ICT 活用でみんなの意見が瞬時に分かる

　体育ではその運動量を確保するため，どうしてもふり返りの場面がおろそかになります。従来は紙ベースのものに個人で書き込み，ファイリング等していましたが，全体へ瞬時の共有は難しいです。

　そこでコラボノートを活用します（図1）。みんなの意見が瞬時に分かり，話し合う時間を確保することができます。

　また，話し合おうといっても何を話し合えばいいのかよく分からなく，話が上手な子供だけで進めてしまうなど明確な根拠がない話合いになってしまう。そんなことはありませんか。本実践ではコラボノート上に記録（図2）や今日の動きの映像などを載せることができ，明確な根拠をもった話

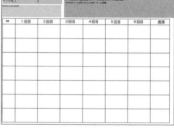

図1

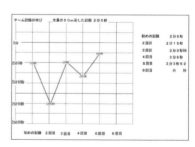

図2

合いをすることができました。そこから互いを評価し練習を修正していくなど次時の練習メニュー等を考えることができました。

② ICT の活用方法と授業アイデア

　レベルアップタイムやチャレンジタイムの中で，映像の撮影や計測の記録をコラボノート上に保存します。それをもとに，ふり返りで話し合います。自分たちの課題について話し合う中で，最後に図1に自分のふり返りを記録をします。教師も，一人一人の考えをすぐに確認することができ，ふり返りの時間で助言をすることができました。

	学習活動と ICT 活用の場	子供の姿（小学校高学年）
1	準備運動	
2	めあての確認と場の準備	
3	止まってバトンパス→走ってバトンパス	
4	レベルアップタイム	
5	チャレンジタイム（計測等）	
6	ふり返り	
7	学習のふり返り	
8	整理運動	

バトンパスがスムーズにわたるか見ておきます。

今日の動きを映像でふり返ってみると，僕が出るのが速かったね。

今日は記録を伸ばすことができたね。

次は練習を変えてみようよ！

思考力 × ICT

③ ICT の活用でこんなに変わった

・うまく話すことができないけれど，考えを書いて瞬時に共有することができたので，チームに貢献できていると感じました。

・次何をしたらいいのか，先生に言われたことをするのではなく，自分たちで考えて進めることができました。

　話すことが苦手な子供も自分の考えをコラボノートに打ちこむことで，瞬時に意見を共有することができます。その結果，自分たちの動きや練習方法をふり返ることができ，自分たちの課題を導き出すことができました。ふり返りの時間を確保し充実させたことで，子供が自分たちの動きを高めようと主体的な動きをするようになりました。　　　　　　　　　　　（重田　公爾朗）

32 複数の映像を比較して考える

アイデアを活用した運動領域 　球技（ゴール型）

同じゲーム場面を，人の目の高さと同様の三脚に設置したカメラ，上空からドローンについているカメラ，プレイヤーが目線に身に付けたウェアラブルカメラの3種類のカメラで撮影します。それらの3つの映像を比較して，ゲームのふり返りをすることで，多面的なゲームの見方ができ，深い分析につなげることができます。

① ゲームをよりよく把握するために

　ゲーム分析では，自分たちのプレイや相手のプレイを見てこれからどうすればよいかを考える機会になっているといえますが，その思考を促す情報として異なった角度からの映像が有機的につながり合うことによって，より深い思考を導き，学びを促すことができると考え，この実践を行いま

3種類のカメラ

した。この実践で用意したのは，ゲーム全体の様子を把握することが可能な，コート全体を撮影した映像をコート外に置いた三脚カメラに固定して撮影した映像と，作戦会議で使ったホワイトボードの角度と同じようにまなざすことができるコート上空からドローンで撮影した映像，そして，プレイヤーは，どのようにゲームを見ているのかを理解できるウェアラブルカメラの画像の3種類の映像を使用してゲーム中に撮影をし，ゲーム後にそれらの映像を視聴して話合い活動をするようにしました。

② ICT の活用方法と授業アイデア

　撮影は，3つのボタンを同時に押して時間を合わせるようにしました。なお，今回指導者は，ドローンを操作し，その映像を通してゲーム観察するよ

うにしました。

	学習活動とICT活用の場	子供の姿 （中学校）
1	ウォームアップゲーム	
2	チームでの話合い	
3	ゲーム①	
4	ふり返り① ゲーム場面の全体をふり返る	
5	ゲーム② ※ふり返りたい時間をチェック	
6	ふり返り② 見たい場面だけふり返る	
7	ゲーム③	
8	片付け	

（写真 同一場面の３種類）

子供の姿の写真内の吹き出し：
- ディフェンスの戻りが遅い
- 攻撃のサポートがいいなあ
- 三脚に設置したカメラ
- ドローン
- パスコースをなくすように動けばよかった
- ウェアラブルカメラ

③ ICTの活用でこんなに変わった

思考力 × ICT

- ドローンの映像とプレイヤーの映像を見て空いているスペースを探すためにももっと視野を広くもってプレイをしないといけないと思いました。
- ただ，ホワイトボードを使って話し合うよりも具体的にプレイをイメージして話し合うことができ，質の高い話合いに変化しました。

　複数の映像を視聴することで「気付き」が変化したように思います。映像が子供たちに提供する情報の違いにより，思考が変わるということを感じることができました。また，複数の映像から得られる異なった思考が有機的に関連付きながら，自分たちや相手のプレイを深く分析し，適切な問題解決を促すことが理解できました。ICTを用いることでこれまでの授業では得られなかった情報を手にし，それをもとに主体的かつ対話的に深い思考を行い，学びを前進させることができることを理解することができました。

（鈴木　直樹）

33 柔道の技のかけ方を プログラミング的思考で考えよう

アイデアを活用した運動領域　武道（柔道）

中級

> 「ロイロノート・スクール」という授業支援アプリを活用し，自分に適した一本への流れを考えます。自らの思考をカードにしたものや，その実践を撮影した動画を材料として，友達との話合いが進みます。話合いの中で生まれた課題を何度も修正していくことで，自らの運動レベルに合わせた動きをデザインしていくことができます。

1 ICT活用で主体的に動きをデザインできる

　教師が参考書通り丁寧に教えてもつまずいた子供が，友達からのアドバイスでできるようになることってありませんか？

　子供たちが主体的・対話的に学ぶ環境を目指し，自他の知識や思考を視覚化，何度も実践できる時間，動きを客観的に見る場，の3点ができるよう「ロイロノート・スクール」という，小さいカードに文字や映像を入れ，考えを整理できるアプリを活用しました。

2 ICTの活用方法と授業アイデア

　本実践は4つの段階があります。まず，①動きを分解しカードの作成。自分は青，相手はピンクカードに各々のアクションを記入します（次ページ参照）。次に，②カードを使い友達に説明します。①で思考を視覚化し整理しており，明確に伝えることができます。その後，③考えた技の流れを友達と実演し，撮影します。そして，④実際行ってみての主観と客観的視点の動画をもとに，より良い技になるように改善点を話し合います。④で出た改善点を，カードの編集やもう一度技をかけるなど，①～④を何度も繰り返し，子供たちは自分に最も適した技の流れを考えます。アプリを活用することで，カードの組み合わせを即座に変更したり，カードと動画を合わせて全員と共有

することができます。この目的達成の手段の中で最も自分に適した方法を考えるプログラミング的思考を促し，子供たちの思考力の向上につなげました。

	学習活動と ICT 活用の場	子供の姿（中学校）
1	準備運動	
2	めあての確認	
3	①技のかけ方カード作成	
4	②説明	
5	③実演，撮影	
6	④修正点の確認	
7	シェア	

投げるまですごくスムーズだなぁ。

このタイミングで相手を引くの。

なるほど！重心が右足に乗るね。

◀ 相手の足が1本になったところで大内刈り！ ← 体落としで投げられると感じ，足をかけられる前によけようとする。 ← 足のステップと手で崩す（この後，体落としのフェイント→大内刈り） ← 右足に重心が乗っているので，相手が体落としをしてくると察知する。 ← かわされる。

③ ICT の活用でこんなに変わった

思考力
×
ICT

・僕は，考えた通りに行けば体落としができると思ったが，実際は連絡技をしても反応して避けられた。なのであえてそこを予想しにくい型にしました。

・私は，フェイントだけでうまくいかなかったので，相手の重心を動かしたり足を動かしたりいろんなパターンを練習し，連絡技→フェイント→大内刈りという順番にしました。一つ一つの動きはできるけど，つなげるとタイミングとか難しかったです。

　ICT を活用したことで，子供たちはカードを使い自身の思考を整理し，動画とともに試行錯誤することで，より自分に適した一本までの流れをデザインしました。はじめは単純な流れでカードの枚数も少なかったですが，授業が進むにつれ技の流れが複雑になりカードの枚数も増えるなど，子供たちの思考力の高まりを感じました。

（橋本　大地）

34 話合い活動を評価し，話合いを磨こう

中級

> 作戦会議を録音していくことで，話合い場面をふり返り，思考を深めていく実践です。録音することで，自分たちの話合いをふり返り，評価行動を子供（たち）自身で行うことができるようになります。教師も各チームの話合い活動を聞き，指導に生かすことができます。

① ICT 活用で作戦会議の質が高まる

通常，話合いは形に残らず，子供たちがどんな意見を言ったのか，どんな考えをもっていたのか，どんな話合いを積み上げてきたのか見えにくいのではないでしょうか。思考力を育成する観点から見ると，この活動は不十分に感じます。

そこで，上記のような課題を克服できるよう，タブレット端末を使い作戦会議を録音していきました。録音することで，どんな話合いがなされていたのかをふり返ることができるようになります。話合いをふり返ることで，自分たちの作戦が何か，前時に大切にしていたことは何だったのかを確認し，本時につなげることができます。話合いが一回ずつぶつ切りで終わることなく，ずっと積み上げていくのを可能にするのです。ICT を使うことで話合い場面のふり返りを促し，思考を深めていくことができます。

② ICT の活用方法と授業アイデア

前時のふり返りを聞き，本時の課題について考えます。ゲーム―作戦―ゲーム―作戦というふり返りながら学ぶ授業をデザインしました。

	学習活動と ICT 活用の場	子供の姿 (小学校高学年)
1	場の準備・準備運動	
2	前時の話合いを聞き，本時の課題についての話合いを録音する	もっとたくさんシュートするにはどうしたらいいかな？
3	ゲーム①	
4	ゲーム①のふり返りをタブレット端末を使って録音する	相手がいない場所に動いてパスをもらおうよ！
5	ゲーム②	
6	ゲーム②のふり返りをタブレット端末を使って録音する	今日の作戦はできてたかな？次はどうする？
7	片付け	
8	本時の話合いを聞き，学習カードに成果を記録する	

③ ICT の活用でこんなに変わった

思考力 × ICT

- ・録音をすると前に何を話したのかが分かり，話合いが良くなっていったのが分かった。話す人もどんどん増えてきた。
- ・前の作戦と，今の作戦を比べることもできるし，ふり返ることができる。

　話合いを録音したことで，作戦会議で自分の意見を発言する子供が増えてきました。話合いの内容も，「ボールを持ったら相手のいない位置に動こうよ」「ボールを奪われたらまず全員すぐに下がろう」「ボールを持ったら広がって距離をとろう」など，具体的な作戦に変わっていきました。学習カードへのふり返りも，より戦術的な記述が増えていきました。普段ぶつ切りになってしまう話合いも，ICT を使って録音しふり返ることで話合いが積み重なり，思考を促す手助けとなったことを実感しました。

（和氣　拓巳）

35 身体的なプログラミング的思考を促す

上級

> いろいろな動きを組み合わせることに焦点を当て，「試してみる→ふり返る→改善する→筋道を立てて組み合わせる」という思考の流れで，マット運動でオリジナルの組み合わせ技を考えていきます。身体的な活動とともに，ICT を活用することで，客観的に自分たちの動きを観察することができました。

① ICT 活用でプログラミング的思考を育む

　高学年でのマット運動で，プログラミング教育の実践をしました。技の動きをビジュアル化したブロックを使用し，グループでオリジナルの組み合わせ方を考えていきました。子どもたちは，「開脚前転の後に後転だとスムーズにいかないね。間に前転を入れてみよう」など，話し合いながら組み合わせていきました。

　身体的な活動とともに，タブレットで撮影をして客観的に見る活動も行いました。初めは，なんとなく組み合わせていましたが，ICT を活用することで，よりスムーズな組み合わせをめざしていこうという姿勢に変わりました。2つの技とつなぎ技を合わせてみては，撮影を行い検討し合う。いくつかできた組み合わせ技を合わせて撮影を行い話し合う。この繰り返しの活動を通して，1つの作品をつくっていきました。身体的な活動，ブロックと ICT を活用することで，組み合わせ技を多面的に検証することができ，試行錯誤して問題解決に取り組もうとする姿勢が現れました。また，お手本動画を参考にして，技そのものの質を上げようとしているグループもいました。

② ICT の活用方法と授業アイデア

	学習活動と ICT 活用の場	子供の姿 （小学校高学年）
1	場の準備，準備運動，めあての確認	どんな組み合わせにしようかな。
2	チャレンジタイム ・ペアグループや教師のアドバイスをもとに，技の組み合わせを考える ・組み合わせた技を実際にマットでやってみる	
3	スキルアップタイム ・技の技能を高めるために，個人で練習の場を選択し，練習する	お手本動画を見てみよう。
4	レベルアップチャレンジタイム ・グループで，組み合わせた技を行う ・技と技とのつながりがスムーズであるか，体感的（自分でやってみる），客観的（ICT 等）な面から，検証・分析して修正する	後転のあとに，開脚後転をすると，つなぎ技を入れなくてもそのまま技ができて，すっきりする。
5	整理運動・片付け	

思考力 × ICT

③ ICT の活用でこんなに変わった

　身体的活動と ICT の活用を通して，プログラミング的思考を育むねらいで行っていきました。タブレットで撮影した動画でふり返り，これまで考えてきた組み合わせのよさやぎこちなさなどが可視化され，さらなるレベルアップを図り，次への課題へと身体的活動に取り組んでいきました。

　子供たちは，組み合わせたことで満足しがちでしたが，ICT を活用し改めて客観的に見ることで，「少しぎこちないね。ここにつなぎ技を入れてみようか」などと話し合っていました。体感的にはできているようでも，ICT を活用して動きを見ることでズレに気付くことができました。撮影して確認する，そして修正しながら，プログラミング的思考を育んでいきました。

（山口　正貴）

思考力 × ICT　実践のためのアドバイス

　今回紹介した８つの実践では，ICT を利活用して効果的に思考力を高めることができています。

　ゲーム場面を撮影しながら解説を入れることで，学習したことを使って，自らのチームを評価し，その評価行為を通して戦術的な理解を深めていくといった，学習と評価が一体となったICT の利活用を見出すことができます。また，思考したことを表現することを記録に残すことで，思考したことを活動と関連付けて評価し，次に生かすことができています。実況中継の実践も，10秒間の撮影での撮影も，話合い場面を録音する実践も，そんな思考したことを思考し直すという評価行為によって深い学習ができています。さらに，前時の学習を教師が評価し，グループごとに問いかけを変えて映像に重ねて表示させる実践では，課題の異なるグループごとの学びを最適化させ，記録された映像と深く関連させて適切な思考を促すことができています。加えて，同一のゲームを撮影の仕方を変えて撮った映像を比較することで，自分がイメージしていたプレイ像とは異なる見え方に出会い，異なる問題解決の方途を導くことができています。その上，プログラミング的思考を体育で促す上で，ICT は有効な思考ツールとなっています。そして，オンラインで情報共有をすれば，考えの共有なども簡単です。ICT は，思考を視覚化したり，新たな思考を生み出したりするツールになり，効果的に思考力を高めることができる便利な教具です。

（鈴木　直樹）

判断力 × ICT

6

―判断力を的確に育む授業アイデア

　判断は，私たちの生活において日常的に行われています。その意味で，私たちの毎日の生活は判断の連続といえます。しかし，その毎日の生活は，膨大な情報の中にあります。インターネットや Twitter をはじめとするソーシャルメディアの普及により，世の中に流れる情報の量が天文学的な数字にまで膨れ上がってしまいました。そのため，情報が多すぎて本当に必要な情報が埋もれてしまい，誤った判断に陥りやすい，いわば情報過多社会といえます。加えて，予測不可能な事象も立ち現われ，ますます判断する力が求められます。一方で，情報過多社会における多様な ICT 機器の出現は，私たちがどのように利活用するかも問われます。

　この社会問題の解決に貢献すべく，情報過多社会を生き抜くことができる体育の「判断力× ICT」の実践を７つ紹介します！

（鈴木　一成）

36 動画からイメージと現実とのギャップを判断しよう

アイデアを活用した運動領域 器械運動（マット運動）

> 自分の動きをタブレットで撮影します。その動画を見て，自分の動きのイメージと現実とのギャップから自分の動きを判断する実践です。自分の思い込みといったバイアスによる誤った判断を止め，自分の動きを的確にモニターできることをめざす実践です。

① ICT活用で動き方が確認できる

　子供たちへ動きの指導をするとき，言葉だけでは，適切に伝わらないことや課題を見つけるのに多くの時間を費やしてしまい，課題解決のための活動時間が少なくなってしまったという経験はありませんか？

　なぜでしょうか。「手をしっかりついてごらん」，「足がまっすぐに伸びるといいね」，「あのとき，あそこのスペースが空いていたよ」など，教師の指導や友達等のアドバイスが正確に伝わらないのは，子供たち一人一人が思い浮かべる「しっかり」や「足を伸ばす」，「そのとき」が微妙に異なり，イメージと現実にギャップが生じているからだと思います。

　そこで，ICT機器を活用して，自分の動きのイメージと現実とのギャップから自分の動きを判断する実践を行いました。すると，①動画から実際の動きを確認できる，②運動後すぐにふり返ることで，動画と動いた感じとの違いを考えることができる，③動きを繰り返し見ることでポイントを絞ることができることで，自分の動きを的確にモニターできるようになります。

② ICT の活用方法と授業アイデア

	学習活動と ICT 活用の場	子供の姿（小学校高学年）
1	準備運動	
2	場の準備	
3	めあての確認 本時のねらいに即した動きを確認する	
4	自分の動きをタブレットで撮影① 自分の動きへの気付きを見つける	
5	練習	
6	自分の動きをタブレットで撮影② 自分の動きへの気付きを伝え合う	
7	練習	
8	片付け	

撮るよ！

膝が伸びる
といいね！

ここを課題に
して取り組ん
でみよう！

③ ICT の活用でこんなに変わった

授業者の感想

・自分の動きを客観的に見ることができ，また，今行ったことをすぐにふ
り返ることができるので，イメージと実際の動きとのズレに気付くこと
ができた。

・必要に応じて，動画を静止したりスロー再生をしたりして自分の動き方
を何度もふり返ることで，自分の課題を発見しやすくなった。

・動きを保存できるので，単元（授業）の始めと終わりの動きを見比べ，
動きの高まりを自己評価できた。

判断力
×
ICT

　子供たちの頭の中にある「イメージ」は見えにくいのですが，動画にある
自分の動きと動いた感じの違いから，自分の思い込みにも気付くことができ
ました。バイアスによる誤った判断を止め，自分の動きをモニターできるこ
とは，子供たちの判断力を養うことへの一助となります。　　　　（大塚　圭）

37 残しておきたい動きのデータベースから，今，必要な情報を得よう

| アイデアを活用した運動領域 | 体つくり運動（巧みな動きを高めるための運動） | 初級 |

> タブレットの動画撮影機能を使い，子供が開発した長なわ跳びの跳び方を撮影・保存します。そして，マイアルバム機能を使い，データベースを作成します。いつでも視聴でき，新たに跳び方を開発する際や，開発した跳び方を楽しむ際の参考にすることができます。

① ICT 活用で学びの蓄積・共有化ができる

ICT を活用し，子供の動きを撮影・保存していくことで，学びを蓄積していくことができます。そして，その蓄積した動画を視聴することで，その後の学びの参考にすることができます。さらに，一人一人の動きの動画をまとめてデータベースを作成し，全体で共有化させることで，他者の学びも参考にすることができます。本実践では，「長なわ跳びの新しい跳び方を開発しよう」と課題を提示し，子供自らが跳び方を開発しようと多様な動きを試すことを通して，「巧みな動き」を高めることをねらいとしました。そして，新しい跳び方を開発する際に，必要に応じて，これまでの自分たちが開発した跳び方や，他グループが開発した跳び方を視聴できるようにしました。

② ICT の活用方法と授業アイデア

「開発」「共有」「楽しむ」といった活動の順で授業を展開しました。まず，各グループが開発した跳び方を全体で「共有」する際に，教師がタブレットで各跳び方を撮影します。そして，撮影した動画をまとめてデータベースを作成します。その後，いつでも，どのグループの動画でも視聴できるようにし，必要に応じて，跳び方の開発や楽しむ際の参考にできるようにしました。

	学習活動と ICT 活用の場	子供の姿 （小学校高学年）
1	「開発…グループごとに跳び方を開発すること」 撮影・保存した動画（データベース）の視聴	
2	「共有…各グループが開発した跳び方を全体で共有すること」 教師がタブレットで動画撮影・データベースの作成	各グループが開発した跳び方を全体の前で披露している様子を，教師がタブレットで動画撮影をします！
3	「楽しむ…開発した跳び方を楽しむことや新しい跳び方を開発すること」 撮影・保存した動画（データベース）を視聴	 このグループは，2人が同時に跳んでいるね！「跳ぶ人数」を変えて開発してみる!? 長なわの中で短なわ跳びができそうだよ！

③ ICT の活用でこんなに変わった

> ・みんなで考えればいろいろな跳び方が開発できると分かりました。
> ・他のグループもユニークな跳び方があって，面白かったです。

判断力
×
ICT

　これは，実践後の子供たちの感想です。子供たちは，自分たちが撮影・保存したデータベースをいつでも視聴でき，新たに跳び方を開発する際や，開発した跳び方を楽しむ際の参考にすることがでました。

　ICT を活用した活動を通して，「跳ぶ人数」や「跳ぶ回数」，「なわの本数」，「なわの長さ」，「回し手が移動する」などのいろいろな視点をもち，必要な情報を選び出したり，動きを想起して組み合わせたりして，新しい跳び方を開発し，楽しむことができました。

（中嶋　悠貴）

38 臨場感あるプレイヤーの視点から 攻め方・守り方をふり返ろう

「プレイヤー視点で状況を捉えさせたい」そんなときには，ウェアラブルカメラを用いると効果的です。コートの中でプレイしているときに撮影することで，臨場感たっぷりの映像に仕上がります。「あっ，今の瞬間，右側が空いていたよ！」と，どの子供も主役になりきって考えを深めることにつながります。

1 ICT 活用で主観的に場面を捉える

発言している子供と聞いている子供で話が噛み合わない…。ボールゲームでは，それぞれの頭で考えている場面が異なると，上記のような状況に陥ってしまうことがあります。

解決するための手立てとして，ウェアラブルカメラを活用してはいかがでしょうか。ゲームを行っている際，プレイヤーに装着して撮影し，その映像をもとに話合い活動を行うことで，全員が同じ "絵" を共有しながら考えを深めることができます。

ペープサートや板書と異なり，映像は時の流れを表すことができるのもメリットの1つです。状況が目まぐるしく変わるゲームだからこそ，「今，この瞬間がチャンスだ！」と認識できるツールが有効なのです。

2 ICT の活用方法と授業アイデア

ウェアラブルカメラを装着した人にプレイしてもらいましょう。その映像をもとに，「どこに投げれば得点できるかな」と攻め方について全員で考えます。なお，安全面を考慮し，低学年では教師が，高学年では子供が撮るとよいでしょう。

	学習活動とICT活用の場	子供の姿 （小学校低学年）
1	準備活動	
2	ゲーム①	
3	映像をもとに，自分の考えを明らかにする	
4	全体で考えを交流する	
5	ゲーム②	
6	ふり返り，整理運動	

「あっ，左側が空いているよ！」
全員で同じ場面を共有し，考えを深めます。

「さっきの場面に似ているぞ。左をねらおう！」
プレイヤー視点で考えることで，ゲーム中の判断力アップにつながります。

③ ICTの活用でこんなに変わった

授業者の感想

・同じ場面を共有することにより，一人一人の言葉がつながりをもって理解できるようになりました。

・ゲーム中のリアルな状況を映し出し，子供の声に応じて一時停止やスロー再生することにより，刻々と変わるゲームの様相を誰もが捉えられるようになりました。

判断力
×
ICT

　ゲームの中で実際に起きている状況を克明に記録した映像を流すことで，「今だよ！　あっちをねらえばいいんだよ」「ほら，相手の位置が変わったから，奥が空いているよ」と，子供はまるでゲームの中にいるような気持ちで状況を判断することができます。

　今回は低学年での実践でしたが，ゲームの理解度が高い中・高学年の方がより効果的に働く可能性もあります。ぜひ，試してみてください。

（河本　岳哉）

39 小さな動きは拡大投影，素早い動きは スローモーション機能で～効果的動画再生術～

🧢 **アイデアを活用した 運動領域**　　器械運動（鉄棒運動）

初級

> タブレットを使って，自分や友達の動きを撮影してふり返ります。拡大やスローの再生機能を効果的に使うことで，見たい動きとそれ以外の動きを取捨選択できるようになり，「ぼんやり」から「はっきり」と動きのポイントをふり返ることができます。

① ICT 活用で，一連の動きを見たいポイントでふり返ることができる

器械運動でうまくできない場面で，教師や友達に「○○するといいよ」と声をかけられても，「やっているつもりなんだよ」という表情の子供はいませんか。いくら図や上手にできている子の動きを見せたり，「○○がポイントですね」と説明したりしても，「え，どういうこと？」と納得いかないこともあります。

そこで，タブレットの動画再生機能を効果的に使い，自分や友達の一連の動きをゆっくり見たり，確認したいところで一旦止めたりすることで，どの動きを見たいのかを明確にしていくことができます。

② ICT の活用方法と授業アイデア

今回の実践では，３人１グループが１台のタブレットで，互いの動き（主に補助逆上がりや逆上がり）を撮り，すぐにふり返りました。また，グループ内やグループ間でも動画のシェアもして，動きのポイントを夢中で探る様子が見られました。全体で共有する際には，プロジェクターに接続することで，撮ったものを簡単に映し出すことができました。そして，一時停止や拡

大もできますので，「どうなっていたの？」「小さくて見えない」などという子供の声にも対応できました。

	学習活動と ICT 活用の場	子供の姿 （小学校中学年）
1	場の準備	
2	準備運動とめあての確認	
3	動きのポイントを探ろう① 動画撮影・ふり返り	
4	みんなで動きを見よう	
5	動きのポイントを探ろう② 動画撮影・動きのポイントの確認	
6	片付け	

お尻を高く上げているよ。

おへそを鉄棒に近づける感じにすればいいよ。

足の蹴り方が違うね。鉄棒に引っ掛けるみたいにすればいいんじゃない？

③ ICT の活用でこんなに変わった

・自分の動きは，思っていたのと全然違ったので，動画で知れて，うまくいかないところに気付いて，練習することができてよかったです。
・スローモーションですぐに見れることができたので，よく分かりました。私は，足を上げる方向が違ったけど，動画で確認して，まねしたらできました。

判断力
×
ICT

　子供たちは撮影した動画で，動きをふり返ることで，うまくいくときとうまくいかないときを比べている様子でした。また，一生懸命に，拡大したりスローにしたりすることで，自分が見たい動きとそれ以外の動きを取捨選択している様子もありました。これらの子供たちの様子は，動画で撮影したタブレットの中の自分と対話しているようでした。

（成戸　輝行）

40 自己判断を支える「めあて」の提示

　自分の動きをもとに設定しためあてをタブレットのホワイトボード機能に書き，活動の映像とめあて（音声言語と文字言語）をもとにした思考と試行を通じ，活動をふり返りながら学習を進めていきます。

① ICT活用で一人一人の課題に合っためあてを設定・提示できる

　どの教科においても，自己の学びを追究していくためのめあてを設定することはとても大切なことです。

　体育科の学習においては，「できる」と「わかる」という両輪で，子供一人一人の課題に応じためあてを設定することを大切にした授業づくりをめざしています。

　本実践では，タブレットのホワイトボード機能を使って，自己の課題に応じためあてを設定・提示することを通して，運動に対し自分が考えたことを考える，いわゆるメタ認知的な活動を取り入れました。

　自分が設定しためあては適切であったのかということに，自己の活動をもとに立ち返ることを大切にしました。ホワイトボード機能に記した文字と活動の映像をつなぎながら，客観的に自己の課題を捉え，その解決に向けて思考と試行を繰り返しながら学習を展開していきます。その過程で，自己が設定しためあては今ここにある自分の課題に適していたのかを問い，その問いに向かって，活動を追究していきます。

② ICT の活用方法と授業アイデア

学習展開の導入のめあての設定場面でホワイトボード機能にめあてを書きます。活動の様子を撮影した映像と比べながら，設定しためあては自己の課題を解決するために適切であったのかをふり返ります。

	学習活動と ICT 活用の場	子供の姿 （小学校高学年）
1	場の準備	
2	めあての設定	
3	探究①	
	ふり返り① 設定しためあてについてふり返る	
4	探究②	
	ふり返り② 活動の映像を見ながら設定しためあてについてふり返る	
5	まとめ	
6	探究③	
7	片付け	

> 今日のめあてが決まったぞ！

> 設定しためあては，ぼくに合っているかな？

判断力 × ICT

③ ICT の活用でこんなに変わった

> この学習をして，めあてがどれだけ大切なのかが分かりました。撮影した自分の動きを見ながら，自分が決めためあてについてふり返って考えたことを次からの学習に生かしていきたいです。

自分が考えためあてと自分の姿を比べながら考えたことをもとに，いくつか設定した新たなめあてから今の自分に最適なものを判断し，学びを深めることができている子もいました。

（松田　綾子）

撮り貯めた動画をふり返り，選択して蓄積しよう

アイデアを活用した運動領域	ボール運動（ネット型）	中級

> 「体育実技スキルアップ支援ソフト」（東京書籍）のアプリにあるデジタル作戦ボードを使いました。チームの作戦タイムやふり返りの音声を録音します。音声が録音できる時間を30秒間と設定し，自分たちのチームに役立つ情報を選択して蓄積し，話合いの質を深め，チームの作戦の変遷に気付こうとする実践です。

① ICT 活用で，話合いの質が高まる

みなさんは，ボールゲームの授業でどのように話合いを行っていますか。多くの実践では，コート図が書かれている作戦カードにポジションなどを書き込んだり，一人一人のめあてを書き込んだりして，話合いをさせているのではないでしょうか。私もそのような実践を重ねてきましたが，なかなかうまくいきませんでした。

そこで，作戦ボードとチームで話し合っている内容が「録音・蓄積」できる機能を活用した実践を行いました。すると，チームの作戦の変遷に気付き，チームでの話合いの質が変わっていきました。

② ICT の活用方法と授業アイデア

ゲームとゲームの間の作戦タイムやゲーム後のふり返りの際に ICT を活用します。デジタル作戦ボードを開きながら，チームの特徴に応じた作戦について話し合います。その話合いの時間を30秒と設定することで，子供たちは何に焦点を当てて話し合えばよいかを考えていきました。

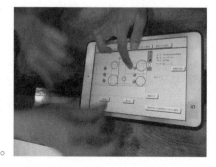

	学習活動と ICT 活用の場	子供の姿 (小学校高学年)
1	ウォームアップゲーム	
2	前時のふり返り	
3	ゲーム	
4	作戦タイム ゲーム中に気付いたチームのよいところを話し合う（30秒間録音）	
5	ゲーム	
6	ふり返り チームの作戦への気付きを話し合う （30秒間録音）	
7	ゲーム	
8	片付け	

子供の姿の吹き出し：

このチームのよさはみんなが声を出して，ボールを落とさないようにできることなんだよね。

そうだね！チームのよさを生かすために，3人のポジションを決めて守るのはどうだろう？

いいよ！ぼくはキャッチができるからこの後ろを守るよ！

③ ICT の活用でこんなに変わった

授業者の感想

・今までは書くことに時間をとられていた作戦タイムの時間が，話し合うことに時間を多く使うことができ，対話的な学びが活発になりました。

・作戦タイムの話合いを第1時から聞き返してみると，初めは曖昧なことや「とりあえずこれでやろう！」と話し合っていました。しかし，単元が進むにつれて，話合いが具体的になり，個人名が多く出るようになり，話合いの質が高まったことが子供も実感できました。

判断力
×
ICT

　子供たちは「30秒間」という限れた時間の中で何を話し合うことが大切なのかに気付いていきました。それらの話合いを聞き返してみると，単元の初めと終わりで違いは一目瞭然でした。時間制限内に必要な情報を入力することは，ゲームの中で生成される情報を的確な判断により，取捨選択することになり，話合いの質が変わっていくことができました。　　　　　　（石井　幸司）

42 おうちの人と体育で学んだことを「評価」しよう

上級

体育で学んだ過程の動画や音声情報，デジタル作戦ボードをタブレットにポートフォリオしました。子供はタブレットを家に持ち帰り，保護者と体育の学習の成果を共有しました。子供は保護者へ体育の成果を伝えるために成果物を選びました。今まで，体育にあまり関心がなかった保護者も評価行為に巻き込むような実践です。

① ICT 活用で保護者とつながる

保護者は我が子が学校体育でどのようなことを学び，どのような力を育んでいるか分かっているでしょうか？　学習の成果を共有するものに「通信簿」があります。ペーパーテストのない体育は，子供が授業中に発揮した技能やその学んでいる態度，思考したことを評価するので，通信簿に書かれている「よくできました」は「◎」，「できました」は「○」では何ができて何ができないか，どのように学んだかを適切に保護者に伝えているとは言えません。

そこで，授業中に子供がタブレットで自分の動きを撮影したり，作戦ボードで考えたことを録音したりした，成果物を撮り溜めたポートフォリオを家庭に持ち帰り，保護者と共有しました。

② ICT の活用方法と授業アイデア

ボール運動「タグラグビー」の学習では「チームで連携する攻撃に貢献して参加しているかどうか」を評価規準として，ポートフォリオ検討会を開きました。子供たちは検討会で，チームに貢献しているベストプレイを自己評価しながら動画などを選んでいきました。そして，タブレットを活用して情報を整理して，保護者に伝えるためにポートフォリオを家庭に持ち帰りました。

月	学習活動と ICT 活用の場	子供の姿 （小学校高学年）
9	水泳運動・ティーボール	
10	ハードル走・走り幅跳び タグラグビー	
10	ポートフォリオ検討会 体育の学びの過程を選んでタブレットに入れる	
11	マット運動・走り高跳び	
12	ポートフォリオ検討会	
	ポートフォリオを家庭に持ち帰る 家庭と体育授業を共有	

タグラグビーを初めて見たよ！

タグラグビーは前にパスをしてはいけないゲームなんだよ。だから，味方の後ろでパスがくるのを待つのと一緒に，空いているスペースを見つけて走りこむことが重要なんだ！
見て！このプレイ！うまくスペースを見つけているでしょ！

③ ICT の活用でこんなに変わった

保護者の感想
　私がルールが分からずに見ていると子供の方からルールの説明やどんな作戦を立てたかを教えてくれました。学校公開で体育を見るよりも分かりやすかったです。子供から，その動画を選んだ理由も教えてもらい，我が子が動画を選ぶ基準というのが分かりました。

判断力
×
ICT

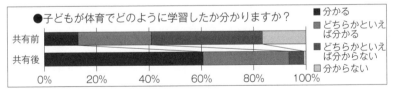

●子どもが体育でどのように学習したか分かりますか？
■分かる
どちらかといえば分かる
どちらかといえば分からない
分からない

共有前
共有後

0%　20%　40%　60%　80%　100%

　ポートフォリオを共有することで９割以上の保護者が，体育で学習したことが分かると回答しました。ICT を媒介とすることで，子供には保護者に体育の様子を伝えるための判断力も育まれます。

（石井　幸司）

判断力 × ICT　実践のためのアドバイス

　子供たちの判断力が育つには，体育授業の中で，子供たちが選んだり決めたりする機会が大切です。ここにICTの大きな貢献があります。

　実践にあるタブレットの撮影動画は，実際の動きとの比較を可能にしています。また，撮影動画をデータベースにして，適宜，情報を取り出したり，拡大やスロー等の再生機能で視聴の仕方を工夫して，注目したい動きを定めることができます。タブレットの利活用は，運動を外側から観察した豊かな情報提供となり，子供たちの判断力を支えています。一方，ウェアラブルカメラの撮影動画は，プレイヤーの目線での情報提示となり，運動を内側から観察した情報提供となります。これにより，ゲームの文脈を切り離さないで，的確な判断を探る機会となっています。

　子供たちが自分の学びの進捗状況を確認することも大切です。そのまま学習を進めるのか，それとも修正するのかを選び，決める活動をアプリ機能が支えています。この機能は，30秒で録音すると情報入力に制約があるので，子供たちは簡潔に要約できるまで必要な情報を絞り込むことも求められ，やはり判断力を培う機会となっています。

　ここまでは学校内での実践ですが，それをさらに拡げる実践として，子供たちが自己選択した体育での学びを映像として持ち帰ることで，保護者と一緒に自分の体育の学びを判断する機会を可能としています。

　以上，7つの実践は，複数の情報から目的や条件に応じて必要な情報を選択することや，状況を踏まえてこの先の活動を決定することを実現できる「判断×ICT」のアイデアです。

（鈴木　一成）

表現力 × ICT

7

―表現力を豊かに培う授業アイデア

　2020年度から全面実施された小学校学習指導要領では，従来の「思考・判断」から「思考力，判断力，表現力等」という内容に変わりました。第5・6学年ボール運動の内容は，「ルールを工夫すること」，「作戦を立てること（選ぶこと）」，に加えて，表現することである「自己や仲間の考えたことを他者に伝えること」が加わりました。これは，従来の，今もっている技能や知識に活かして課題を発見し，その解決を図るために必要な資質・能力に加えて，「伝える相手や状況に応じて適切に伝える力」も体育で育むことが求められているということです。

　対話的な学びを促すためにはインプットした知識を，思考・判断してアウトプット（表現）することが求められます。このように，ICT の C（Communication）の充実を図るためには表現力が必要です。相手と意思疎通をして，互いの考えを受容するような実践事例を見てみましょう。

(石井　幸司)

43 見本動画と見比べて，友達の動きを「伝え合おう」

アイデアを活用した運動領域　器械運動（跳び箱運動）

初級

　「NHK for School はりきり体育ノ介」の見本動画と，友達の動きを2画面で並べて，課題がどこにあるのか，動きのどこがよくなったかを伝え合う実践です。初めは見本動画と友達の動きの差を伝えていった学び合いが，単元が進むにつれて友達の動きの変化に気付き，どのようにしたらよいか具体的なアドバイス（表現）に変わった実践です。

① ICT活用でアドバイスが変わる

　器械運動では試技の後に自分の動きを見ている友達に「どうだった？」と，課題を見つけてもらい，動きのどこがよくなったかを伝え合う実践がよくあります。そのときに，ICT利活用です。「NHK

for School はりきり体育ノ介」の見本動画と友達の動きをタブレットを使って2画面に並べます。ICTを活用したことで，子供の声かけが変容します。見本動画のポイントの言葉を使いながら具体的に説明する姿が見られました。教師がふり返りを促さずとも試技後に自然とタブレットの周りに集まってふり返りを行い，動きを試行錯誤する姿が見られました。

② ICTの活用方法と授業アイデア

　タブレット1台を見本動画をいつでも再生できるようにし，もう1台を再生遅延装置として使用します。課題を伝え合う学び合いが，動きの変化に気付き，動画のポイントの言葉を使って称賛し合う子供の姿へ変容しました。

	学習活動と ICT 活用の場	子供の姿（小学校高学年）
1	めあての確認と場の準備	「はりきり体育ノ介」の見本動画を繰り返し見ながらできるポイント把握
2	準備運動	
3	今もっている力で運動 ICT 活用場面その① 本時のめあてをもつ（課題の発見）	今の動きはどうだったかな？ 「足がピンとしっかり伸びた台上前転ができているよ！」と（遅延再生装置の）動画を見せて言える！
4	全体でのふり返り①	
5	ICT 活用場面その② 課題を解決する場を選んで試技。2台で見比べて友達の動きの変化に気付く	抱え込み跳びをした友達に、「胸に両足を引き付ける動きができていたよ」とアドバイスできました！
6	全体でのふり返り②	
7	片付けと整理運動	

③ ICT の活用でこんなに変わった

　友達に的確なアドバイスが言えるようになりました。最初はどんなことを言えばいいか分からなくて，「できていたよ」しか言えませんでした。しかし，「勢いよく片足で踏み切って！」「つま先でバーンと大きな音を出して！」「バーンと手を奥に突き出してたよ！」と，動画を見て自分も先生や友達みたいにアドバイスが上手にできるようになりました。

　単元が進むにつれて友達の動きの変化に敏感になってきた子供たち。見本動画の動きと遅延再生装置と2台のタブレットを見比べることで，動きのポイントに気付いたり，「抱え込み跳びでは，もっとバンっと力強い踏切が大事だよ!!」とアドバイスの言葉が具体的になってきたりしました。

　ICT は自分や仲間の考えたことを他者に伝えることができる新しいコミュニケーションツールとしても活用できます。効果的な活用で，子供たちの思考を育み，それを表現することを促進することができるのです。

（平澤　彬）

表現力
×
ICT

44 動きの感じを「伝えて」踊ろうよ，笑おうよ

アイデアを活用した運動領域　表現運動（表現）

　表現運動において，遅延再生装置を活用して4つのくずし（空間・人間・リズム・動き）の視点に気付きながら，グループでダイナミックな表現になるように話合いの内容が高まっていく実践です。自分たちで撮影した動画を見て，より新しいものを創造していくために，動画を媒介として，豊かな表現力が育まれていった実践です。

① ICT活用で困り感をすっきり解決

　「はじめ―なか―終わり」の簡単なひとまとまりの動きをつくる中で子供の中にもっと「空間」を広く使うことが問題として表れてきました。「自分たちがどのように動いているのかを知りたい」

「見てもらった友達のアドバイスを聞いても具体的にどこを改善するか分かりにくい」など，困り感が出ました。

　そこでICTの活用です。タブレットに入っている遅延再生装置（アプリ）を使って自分たちの作品を撮影してもらい，アドバイス後にその動画を見て，課題をつかみました。ICT活用場面は「問題解決場面」です。

② ICTの活用方法と授業アイデア

　ICT機器を体育で使うときは「何を（撮影・見る）」「いつ（どの場面）」「どのように（どこから）」活用するのかという視点を，学習者と共有することがポイントとなります。

	学習活動とICT活用の場	子供の姿（小学校高学年）
1	めあての確認と場の準備	お互いに作品を撮影し合います。立って撮影することがポイントです。
2	心も体もスイッチオン	
3	「激しい感じの題材」で作品 ICT活用場面その① 撮影してもらい課題を把握する	髪の毛の先まで全身を使って感じを込めて踊る！高低を付けて動きをダイナミックに見せる！
4	撮影グループ同士のふり返り	
5	ICT活用場面その② アドバイスをもとに課題改善へ。自分たちで 何度も撮影し、ダイナミックな動きへ！	空間のくずしを意識してもっともっと広がって運動します！友達のアドバイスを生かし新しい表現に挑む！
6	全体でのふり返り	
7	心も体もクールダウン	

③ ICTの活用でこんなに変わった

> 自分たちの動画を見て，「指先やつま先をバレリーナのように伸ばして」と友達から言われた課題が分かり，次の動きでは意識して踊れました。

何を（撮影・見る）　簡単なひとまとまりの動きを撮影してもらい，交流グループの仲間のアドバイス後に遅延再生装置の動画を見ることで，友達から言われたことがどのようなことだったのか課題を掴むことができました。

いつ（どの場面）　空間を広く使って動きをダイナミックにすることが子供の困り感となったときにタブレットで見たい場面だけを繰り返し再生しながら，「画面からはみ出るくらい体育館を広く使えばいいのか！」「次はもっと散らばって動いてみよう！」と話合いの内容が具体的に高まりました。

どのように（どこから）　アドバイス後，再生遅延時間30秒後のグループの動きを見て具体的な改善点を理解し，練習後に改善した動きを撮影してもらい改めて動画を見ます。動きの変容を理解することで感じを込めて踊ることができ，表現運動の面白さを味わうことができました。　　（平澤　彬）

表現力
×
ICT

45 チームで動画を共有して 一人一人のよさを伝え合おう

アイデアを活用した 運動領域	ボール運動（ネット型）

タブレットの動画撮影機能を使って，1プレイ（サーブがきて攻撃を組み立て，返球するまでのプレイ）に限定してゲーム内容を記録します。刻一刻と変わるゲームの状況の中で，「あのとき」のよいプレイ動画をチームで共有して，一人一人のプレイのよさを伝え合い，チームの特徴を見つける実践です。ICTを媒介にすることで一人一人のよさを見つける話合いが具体的に，より活発になることをねらいました。

① ICTの活用で誰でもふり返りに参加できる

ふり返りに特定の子供だけが思いを伝える…もしくは何を話していいのか分からず困っている子供がいる…という経験はありませんか？

ボール運動は集団対集団の攻防です。ゲームの中で自分が思うように動けていたかどうかは，チームの作戦や，ボールの行方の偶然性などに影響され，ゲーム中の動きから「何をどのように」ふり返るのか，子供には不明確です。

そこで，上記のような課題を克服できるよう，ゲーム中にサーブが自陣に来てから返球するまでを記録する「1プレイ動画」を取り入れました。

ICTを活用することで，どの子供もふり返りに参加し，次のゲームに生かすことができるようなふり返りができるようにしました。

② ICTの活用方法と授業アイデア

ゲーム中に「よい」と思った1プレイ動画を1人1つ保存します。ふり返りでは，なぜそこがよかったのか撮影者が「よさ」について伝え合います。

	学習活動と ICT 活用の場	子供の姿（小学校高学年）
1	準備運動	
2	めあての確認と場の準備	○○君がボールを持っていないときの動きが速くていいね！始めの位置取りを決めてみよう！
3	ゲーム①	
4	**ふり返り①** 自分が撮影した動画からチームのよさを伝え合い，作戦に生かす	
5	ゲーム②	作戦はどうだったかな？○○さんが打つとよく決まっているね！作戦に取り入れていこう！
6	**ふり返り②** よさを生かした作戦になっていたか動画をもとにふり返る	
7	片付け	

③ ICT の活用でこんなに変わった

- ・友達の動きを動画でふり返ることができたので，チームのよさに気付くことができました。
- ・私は運動が苦手ですが，ふり返りはさらに苦手でした。でも動画があると思いを伝えやすく，私でもチームの役に立てるとうれしくなりました。
- ・動画を進めたり戻したりしながら見ることで，次の作戦のイメージがもてるようになりました。

　子供たちはゲーム中の様子を動画でふり返ることでゲーム理解を深めただけでなく，友達の「よさ」に気付き，それを伝えることができました。1チームのふり返りにおける発話数を記録すると，メンバー全員が均一の割合で発言しているだけでなく，その内容も「作戦」「ボール操作」「位置取り」「チームの約束」など，具体的なふり返りをしていることが分かりました。ボール運動はチームで取り組む運動です。だからこそ，ICT を媒介に伝え合うことで，より次のゲームに生かせるふり返りを行うことができます。

（上原　歩）

表現力
×
ICT

46 水中の浮き沈みする動きのコツを「伝えよう」

防水機能があるカメラを使って，水中での手や足の動きや呼吸の合わせ方を撮影します。教師や見学者がタブレットで撮影して，それを見ながら自分の動きを自分の言葉で説明する姿が見られました。

① ICT活用で水中の自分の動きがその場で確認できる

ICT機器を活用して自分の動きを確認することは，器械運動領域や陸上運動領域で多く実践されています。一方，水中での自分の動きを，その場で確認することは設備や機能などの問題から難しい現状があります。しかし，それらをクリ

アすることで自分の動きを確認したり，友達の動きと比べたりして，課題の解決に向けて効果的に伝え合うことができるようになります。

実際の授業では，運動中に映像を通して友達と共有することで，視覚的な情報とともに，「わたしは，足が沈まないようにゆっくり足を動かしているよ。ほら，自転車をこぐように」と，聴覚的な情報も伴ってより効果的に伝え合う姿が見られました。

② ICTの活用方法と授業アイデア

水中の映像だけでなく，見学者にプールサイドから撮影してもらうことで多角的に手や足の動きや呼吸の合わせ方などを確認できるようになります。また，見学者も仲間の動きや考えのよさを伝え合って学習に参加することが

できるようになりました。

	学習活動と ICT 活用の場	子供の姿 （小学校高学年）
1	人数確認・準備運動	
2	水慣れ	
3	背浮き・浮き沈み（流れあり）	
4	めあての確認	
5	背浮き・浮き沈み	
6	共有	
7	背浮き・浮き沈み	
8	ふり返り	
9	背浮き・浮き沈み	
10	人数確認・整理運動	

体が水面に浮いてくるタイミングで呼吸をすると，楽だよ！

タブレットで確認してみよう。

あごを少し上げて，背浮きをしたらどうかな？

③ ICT の活用でこんなに変わった

- ・大きいスクリーンで，A君が足の動かし方を説明してくれたので，コツがよく分かりました。そのおかげで，前回よりも長く浮くことができました。次回はもっと長く浮きたいです。
- ・見学だったけれど，タブレットで撮影して上手に浮いている友達を撮影しました。体が沈んでしまう友達に映像を見せて「あごを引いているから沈んでしまうんじゃない？」とアドバイスができました。

表現力 × ICT

　プールという電子機器が苦手とする環境でも ICT を活用したことで，映像を通して浮くためのコツや呼吸のコツを相手により分かりやすく伝えることができるようになりました。効果的な伝え合いは，学習意欲や技能の向上にも大きく影響し，水との関わりを豊かにすると実感しました。

　「水× ICT」は，とても大きな可能性が広がっています。

（堀河　健吾）

47 身振り手振り！オーバーリアクションで 考えを「伝えよう」

上級

> Zoom アプリを使って，日本各地の小学生をつなぎ，表現運動の実践を行いました。場所が離れている子供たちが ICT でつながり，離れている相手に自分の考えを伝えるために，表現力が磨かれた実践です。子供たちは，ICT の機能を活用して，主体的にコミュニケーションをとりながら，表現を創作していきました。

① オンラインだからこそできる，表現運動を創る

今回は Zoom アプリを活用しました。Zoom アプリのギャラリービュー機能を使うことで，自分と仲間が同じ画面に映し出されます。子供

たちは，まるで仲間が隣にいるような表現方法を考え，画面上の上下左右でやり取りをしながら表現を創作していきました。表現のテーマは「ジャングル探検」です。音楽に合わせて，それぞれのグループが仲間と，Zoom を使ってコミュニケーションを図りながら，自分たちの思いを表現運動に乗せていきました。「ここでバナナを渡すから，みんなが受け取って食べるのはどう？」「いいね！」とジェスチャーを交えながら大げさに表現する子供たち。オンラインだからこそ，伝わりづらさを解消するために，話合いの中でも表現方法を工夫しました。そうしてできた子供たちの作品は，まさに，オンラインだからこそ生み出された，「ジャングル探検」となりました。

② ICT の活用方法と授業アイデア

　Zoom アプリのギャラリービューや，ブレイクアウトルーム等の機能を使い，オンラインでしかできない表現方法を考えていきました。

	学習活動と ICT 活用の場	子供の姿 （小学校高学年）
1	アイスブレイクゲーム ・オンラインおーちたおちた ・オンラインキャッチボール	私たちが，上でジャングル探検隊になるね！ ジャングルを歩いていたら動物と出会うんだよね！ その後，ここで，動物たちを見失う表現をするから！
2	テーマの確認 ・PowerPoint 共有	
3	創作活動 ・ブレイクアウトルーム ・ギャラリービュー	ぼくたちは，下でジャングルの動物になるね！ ジャングル探偵から逃げることに成功して，お互い指さして笑う表現をするね！
4	発表	

③ ICT の活用でこんなに変わった

> 　画面が４つに分かれる機能を利用して，ジャングル探検を表現することができました。話し合うときは，グループでしっかりと役割を分担することが重要でした。友達に分かりやすく伝えるために，普段よりオーバーに動いたり，身体を使いながらコミュニケーションをとりました。それが友達にしっかりと伝わって，話合いがとても充実しました！

表現力
×
ICT

　この実践は，同じ空間にいても実践できます。普段の表現では，友達の目線が気になって恥ずかしがってしまう子供も，画面の中では生き生きと表現することができます。ICT を媒介として豊かな表現力が育まれました。

（和氣　拓巳）

48 遠いところの友達に，動きの気付きを「伝えて」あげようよ

上級

> 表現運動において，北海道，東京の2つを遠隔地で結び，テレビ電話（ビデオチャット）で協働学習を行います。どのような表現方法がより相手に適切に伝わるか，言葉と動きの表現方法をよりよいものに変えていくことをチャレンジしました。

1 ICT活用で遠隔地をつなぐ

「見えますかぁ？」「見えますよ！」

実際に会ったことのない子供たちが，画面上で楽しくやり取りをしています。

「準備，いいですか？」

まず，北海道の子供たちが，グループごとに考えた忍者の術を表現しました。次に，東京の子供たちが画面に映った動きの特徴から，どんな術を表現しているのかをグループで話し合いました。そして，話し合ったことをもとに，術の名前を伝え合いました。

「分身の術ですか？」「隠れ身の術ですか？」

子供たちは，画面から伝わる動きの特徴から，相手がどんな術を表現しているのかをゲーム感覚で楽しんでいました。

回を重ねるごとに，「ヒントくださーい！」「もう一回やってくださーい！」など，積極的に発言する子供も出てきました。

「わかったぁ‼ 水遁の術‼」「正解です‼」

子供たちは，遠く離れている友達が考えた動きをもとに表現する楽しさを味わっていました。

② ICT の活用方法と授業アイデア

本実践では，電子黒板だけでなく，カメラ・マイク・スピーカー等を使って，十分な音量になるよう配慮しました。

	学習活動と ICT 活用の場	子供の姿 （小学校中学年）
1	めあてと活動の確認	
2	⮕ 表現活動① （忍者の術） ⮕	
3	⬅ 話合い&質問タイム ⬅ （全グループが行う）	
4	気付き伝え合いタイム	
5	表現活動② （新しく創った術） 話合い&質問タイム	
6	まとめ	

正解です！動きの工夫が伝わってきました！

刀を下ろす動作を取り入れたところがポイントだね。

③ ICT の活用でこんなに変わった

・遠くの友達がぼくたちの動き（表現）を見て，どんな術か考えて，それがうまく伝わったことがうれしかったです。

・「水遁の術」は分かりやすかったです。大きく水をかいて相手に分かりやすいように工夫しているのがよかったです。

本実践では，2つの地点をビデオチャットでつなぎ，映像の動きを通してコミュニケーションをとることの楽しさを感じることができました。遠隔地の友達に分かりやすく伝えるためには身体を大きく使って表現することが大切であることにも気付いていました。また，多くの子供たちが自分たちの考えた動きや術，気付き，アドバイスが遠くの友達に伝わったことで達成感を味わうこともできました。

表現力 × ICT

（松田　綾子）

49 1年間の体育での学びを ポートフォリオしたものを「発表」しよう

アイデアを活用した
運動領域　　全領域

　1年間を通して，タブレットを活用して，体育での学びをポートフォリオしていきました。そのポートフォリオした動画を用いて，クラスで発表会を行いました。体育での学びの成果，自分が成長できたことをプレゼンテーションした実践です。

① ICT活用で自分の成長を実感する

　本実践では，子供たちは体育の学習中に「体育実技スキルアップ支援ソフト」（東京書籍）というアプリケーションを使用して，学習成果をタブレット上に記録していきました。記録したものは，体育での動画やホワイトボードに書き込んだ作戦と話し合ったりした記録です。それらのデータの中から子供自らが意思決定して動画を選び，サーバーにアップロードしていきました。

　サーバーにアップロードされたものを，単元ごと，学期ごとにポートフォリオしていきました。年間を通して蓄積したものを学年末にプレゼンテーションソフトを活用して発表会をしました。子供たちは年間の体育の学びを工夫して表現するとともに，自分の成長を実感しました。

② ICTの活用方法と授業アイデア

　授業で発表した音声をプレゼンテーションソフトに録音しました。そして，家庭にタブレットを持ち帰り，保護者に向けても発表できるようにしました。

月	学習活動と ICT 活用の場	子供の姿 (小学校高学年)
4〜2	体育授業でのタブレットの活用 ポートフォリオ検討会 ポートフォリオ家庭に持ち帰り	私が今年の体育で一番楽しかったのはキャッチバレーです。なぜなら，チームのみんなとポジションなど作戦を考えながら取り組むことができたからです。跳び箱でも新しい技に取り組むことができて，前の学年よりも動きがよくなったり，友達にアドバイスができるようになったことを実感しました。
3	ポートフォリオ発表会 体育で学んだことを発表する ポートフォリオを家庭に持ち帰る 家庭と体育授業を共有	

③ ICT の活用でこんなに変わった

授業者の感想

　子供自らが動画を選び，それをもとにプレゼンテーションすることで子供自身が年間を通じて，自分事のテーマとして取り組むことができました。言葉だけで自分の成長を発表するのではなく，自らの動画とともに発表することで豊かな表現力が育まれました。動画に合わせて台本を作ったり，2つの動画を比較して発表したりと多様な表現方法が子供から出ました。

表現力 × ICT

　「1年間の動画を見ると体も大きくなったことが分かるし，動きも変わりました。1学期に行ったマット運動では前転で小さく回っていました。しかし，3学期にやったマット運動では手がつくところが遠くなり，脚を真っすぐに伸ばしながら，大きくかっこよく回れました」

　子供たちは自分の成長を実感し，それを分かりやすくクラスの友達や保護者に伝えるために伝え方を工夫しました。ICT を活用したポートフォリオを長期的に実践することで子供の表現力を育むこともできます。

（石井　幸司）

50 遠隔システムを使ってアイデアを取捨選択して運動遊びを創ろう

アイデアを活用した運動領域	ボール運動（ネット型）

来年統合される小学校同士の接続交流として，まず，各学校に設置された遠隔システム（HDコム）を活用して自分たちで考えたゲームを伝えます。次に，実際にゲームをしてどうしたらもっと面白くなるのかのアイデアを出し合い，一緒に手軽な運動を創る実践です。

① ICT活用で違う学校の仲間とゲームを創る

少人数規模の学校では交流する仲間がどうしても限られてしまいます。だからといって，例えば，他校と一緒に体育授業を実施することは，物理的にも時間的にもなかなか難しいと思われます。

一方で，校内から校外へと伝える相手を広げることは，違う他者との出会いにもなります。そして，協働的に１つのものを創るプロセスには，相手意識をもち，自分の考えをいかに伝えるかが求められ，表現力も培うチャンスが期待できます。

そこで，遠隔システムを使って，違う学校と結んで，一緒に運動遊びを創る実践を行いました。

② ICTの活用方法と授業アイデア

来年度，本校も含め，５つの小学校と２つの中学校が統合され，新しい小中一貫校となります。次年度のスムーズ接続交流の１つとして，本市当該校に設置されている遠隔システムを使った交流実践を行いました。

	学習活動と ICT 活用の場	子供の姿（小学校高学年）
1〜4	試しのゲームづくり 紹介するゲームの考案・ルールづくり 紹介するための準備〔動画撮影〕	体育でこんなゲームを考えてみたよ コーンの間を通ったら得点にしよう！　おもしろそう！
5	遠隔システムによる説明 ５つの小学校のうち，本実践では３校とつないだ。伝える人と伝えられる人（モニター），見ている人が三角形になるように配置し，それぞれの様子を見られるようにした	やってみたいな！
6	交流授業	

③ ICT の活用でこんなに変わった

・伝えることを意識することで，ゲームの中心的な面白さを探究することに役立つと感じました。
・学校に帰ってもう一度，スーパーレインボーボールゲームメーカーをやってみたい。

　子供たちの中には「ルールが複雑になって分かりづらくなった」と考え，ルール変更をするチームもありました。伝える相手を意識することは，表現の方法を工夫することになりました。そして，「伝えたい」「伝わった」のつながりの中で，「これが面白い！」という運動の中心的な面白さを探究する輪が生まれました。遠隔システムはこのきっかけをつくるものとして，大きな役割を果たしました。ICT が子供と子供，子供と中心的な面白さをにじのようにつなげてくれることを願い，「スーパーレインボーボールゲームメーカー」と名付けました。中学校では，このにじの色をさらに濃くしてくれることを願っています。

表現力
×
ICT

（水野　廣貴）

表現力 × ICT　実践のためのアドバイス

　以前から体育でも，「言語活動の充実」がめざされ，相手に自分の考えを伝えられるように様々な実践が重ねられてきました。しかし，中には形骸化された言語活動が独り歩きしたり，言語活動を充実することが目的化してしまい，本来の身体活動や課題を解決する活動が薄くなってしまったりする実践もありました。

　遅延再生装置を用いた実践では，課題を発見するのみではなく，子供同士の具体的なアドバイスが生まれています。ボール運動のゲームの1プレイ動画を活用した実践では，話合いの質が向上しています。また，水泳の実践では，水中の動きをリアルタイムで共有することを可能にしています。さらに，遠隔システムを使った実践では離れたところにいる仲間に，いかに分かりやすく伝えられるかを，身振り手振りを使って表現したり，相手の発言に対してオーバーリアクションをしたりしてコミュニケーションをとる等，子供たちが試行錯誤して表現しています。

　これらの実践に共通していることは，子供たちの学びの文脈の中で，相手に伝える「必要感」，話合いをする「必要感」が生まれてきていることです。このように ICT を利活用することで，体育で大切にするべきである身体活動や問題解決する力に直結する表現力を育み，質の高い学び合いを授業の中にもたらすことができます。

（石井　幸司）

教師力 × ICT

―教師力をアップするアイデア

　教師は日々の授業での教育活動を通じて子供たちを成長させていきます。だからこそ「教育は人なり」と言われるように教師の力量は大切になってきます。学校の先生方は忙しい日々の中で，授業づくりに注力されたり，子供たちに寄り添った指導をしながら，日々の校務に従事されています。また，忙しい時間をやり繰りしながら，研修等にも積極的に取り組まれております。そこで，この章では，教師の力量形成につながる ICT を利活用した6つの具体的なアイデアをご紹介します‼

（大熊　誠二）

51 ネットサーフィンで情報を集めよう

> YouTube，教科書会社の情報など，様々なサイトを利活用しての教材づくりの実践です。ネットサーフィンを通して集めた情報をもとに，主体的に教材研究に取り組むことで授業改善が図られ，教師の力量形成につなぐことができます。

① ICT 活用で主体的な教材研究ができる

「教師としての力量を何で計るのか？」

こう問われたとき，「授業」と答える先生が多くいらっしゃるのではないでしょうか。

授業を変えたい！　もっと授業をよりよくしたい！　そのために必要不可欠なのが教材研究です。

本実践では，初任者の先生が教材研究を深め，教師としての力量形成をよりよく促進させていくものとしてネットサーフィンを位置付けました。インターネット上のデジタル教材や授業映像，また実践事例や学習指導案等たくさんの情報を集め，教材研究を行いました。

ネットさえつながれば，いつでも，どこでも，何度でも見たい情報を得ることができ，このことが教師の主体的な教材研究・授業改善につながります。

ネットサーフィン

　IT 用語辞典によると，【surfing the Web】とは，「インターネットの Web を気の向くままに次々と見てまわること」と説明されています。Web という海原の中のリンクなどによってつながる情報の波を次々に移ってゆく波乗り（サーフィン）に例えられてこのように表現されています。

---

② ICT の活用方法

本実践では，小学校第2学年のボール蹴りゲームにおける指導の在り方や授業の中でICTをどのように授業に取り入れたらよいのかという2つの視点をもって教材研究をするために，以下のように情報を集めました。

情報の種類	内　容	成　果
動画 (YouTube)	デジタル教材　文部科学省「小学校低学年体育　12ボール蹴りゲーム」	・学習の進め方や場づくり，規則，発問や言葉がけについて具体で学ぶことができた。
データ (実践報告)	東書Eネット「体育におけるICTの活用方法」	・体育の授業でICTを活用することの意義や実際に授業で使った場合の効果や活用のポイントを学ぶことができた。
データ (学習指導案)	第1学年体育科学習指導案「つくって遊ぼう！みんなのボール蹴りゲーム」	・ICTを使って，工夫した場を提示することで「思考活動」を充実させるという手立てを知ることができた。

③ ICT の活用でこんなに変わった

これまでの教材研究は，指導書と自分の経験をもとにして行ってきました。しかし，今回はネットで見つけた多くの情報をつなぎながら，ボール蹴りゲームの教材解釈，指導のねらい，授業でのポイントを具体で学ぶことができました。場づくりや指導方法等，検索すればするほど，もっと知りたい，学びたいと思うようになりました。

このように，教材研究にネットサーフィンを位置付けたことで，主体的な授業改善を促すことができました。この初任者は他の教科でもネットサーフィンを通して様々な情報を収集し，授業に取り入れています。「これ，YouTubeで見つけたんですよ！」とうれしそうに話す彼女の力量形成にICTは欠かせない強い味方となりました。　　　　　　　　　　（松田　綾子）

教師力
×
ICT

52 サーバーを使って，学習指導案や学習資料を共有しよう（アーカイブ）

学習指導案等をサーバーに保存することで，多くの人たちと情報を共有することができます。情報を参考にして授業を行い，実施後に課題を解決した修正学習指導案等をフォルダに入れて共有していくと，よりよい授業を仲間とともにつくり上げていくことが可能になります。

1 ICT 活用で授業づくりが楽しくなる

　授業を考えるときには，Web や文献を検索して先行研究を参考にすることがよくあります。しかし，時間がかかるわりには，参考となる学習指導案や学習資料などの学習情報が見つからないという経験をした人も多いと思います。そこで，授業研究や日々の授業で作成した学習指導案や学習カード，学習資料をサーバーに保存していきます。また，これまで行われてきた授業研究の資料も電子データがなければ紙媒体から PDF 形式に変換して保存します。さらに，国や各地域にある研究団体（東京都小学校体育研究会等），大学，教育系企業などの情報を，著作権を確認しながら蓄積していきます。その情報を単元や学年に分けてフォルダをつくると，サーバー上では情報整理等も簡単にできます。学習情報を短時間で効率よく収集することができれば，仲間たちと授業について検討する時間が十分に確保できます。その結果，より良いアイデアが数多く産み出され，授業づくりが楽しくなります。授業検討会も Web 上で行うと，移動時間がかからず，今まで以上に多くの仲間が参加できます。教師の働き方改革にも有効な方法です。

② ICT の活用方法と授業アイデア

(1) 自分たちのアーカイブをつくる

1	教育委員会や学校のサーバーに，共有して学習情報を保存・閲覧できるフォルダをつくる。
2	ファイル名の付け方を決める（作成年，学年，領域名）。 例：2020_3 年 _ 器械運動
3	これまでの資料を分類し，電子データや多様な文書形式でファイル名を付けてサーバーに保存する。
4	他団体や大学などの多様な資料を収集し，情報量を増やしていく。
5	年度末にサーバー内を確認し，不要な情報を取捨選択する。

　学習指導案を作成するときは，上部に授業のキーワードを入れておくと，検索に役立ちます（気付きを大切にした授業，ICT の活用など）。

(2) アーカイブを公開し，学習情報の交流を図る

　各地区や学校のセキュリティーポリシーを遵守しながら，自分たちのアーカイブをより多くの人が閲覧できるサーバーとリンクさせていきます。学習指導案を活用した結果や改善点などの情報を日本中の実践者と交流することができるようになります。また，QR コードを活用することで，検索が簡単にできるようになります。

③ ICT の活用でこんなに変わった

　今までの先行研究探しが，短時間で効率よく行うことができるようになります。特に，授業づくりに慣れていない若手の先生方にとっては，アーカイブをキーワードで検索して閲覧できることは，とても役立っています。また，アーカイブを共有しながら Web 会議をすることで，子育て中の中堅の先生方も，授業検討会に参加することができるようになりました。

教師力
×
ICT

（石井　卓之）

53 オンラインを活用した対話型授業参観

> 参加したいけど，遠かったり，時間がなかったりしてなかなか参観できない授業も，オンラインでつないで，遠隔地からでも参加できます。そして，現地と遠隔地で参観している人がお互いにコミュニケーションをとりながら，より良い授業実践に向けて授業実践を検討することで，教師の指導力を向上させることができます。そんなオンラインを活用した対話型の授業参観は，教員研修のこれからの新たなスタイルになり得ます！

1 ICT活用で時空を超えて協働した授業参観ができる

研究授業への参加は，教師の力量形成の貴重な機会になっています。この

オンラインを活用した対話型授業参観は，未来の研究授業参加への一形態といえると思います。すなわち，距離が離れていても協力してくれる撮影者が現地にいれば，普段の研究授業の参観よりも深い学びの機会を遠隔地でつくり出すことが可能です。

対話型授業参観の様子

2 ICTの活用方法と実践アイデア

今回の実践では，現地にいる撮影者がタブレットで授業を撮影し，Bluetoothで接続したイヤホン＆マイクをつけて，遠隔地で授業を参観している人たちとやり取りをしながら，現地の状況を伝えたり，撮影するポイントを移動させたり，ズームにしたり，ワイドにしたりして映像と情報の発信をしていきました。その映像を遠隔地では，大型のスクリーンに映し出し，グループ通話できるマイク＆スピーカーを使って，参観している授業を手がかりにしてグループで協議をしながら，より良い授業実践について検討をしていきました。

〈対話例１〉

> D：活動に参加できていない人がいたら映してください。
> L：いないよう…あっ、いた。
> D：グループに入れないんですかね？
> L：注意深く観察してみますね…

〈対話例２〉

> D：先生は今どこにいますか？
> L：先生は、今、全体を観察しながら声をかけています。近づいてみますね。
> D：先生は、子供に発問を繰り返しているんですね。
> L：子供たちは、先生の支援で問題発見できているように見えます

〈対話例３〉

> D：今、端っこの方で積極的に活動している子供に近づいてもらっていいですか？
> L：楽しそうに活動していますね。
> D：活動が終わって休憩しているときに、何を楽しんでいたか聞いてもらってもいいですか？
> L：了解です。質問します…

L：現地で撮影している様子　D：遠隔地で協議をしている様子

 ICTの活用でこんなに変わった

　ビデオを見ながら話し合うことでは得られない現地での情報をオンライン上での対話で得て、そこから得た情報をもとに、授業の成果と可能性、改善点などについて子供のリアルな学びをもとに即時的に語り合うことによって、自らの授業実践上の指導の仕方の具体的な工夫や教材づくりに役立てていました。

オンラインでの対話型授業参観の参加者へのインタビューより

・現地の撮影者に撮影してほしいところを伝えることで、観察眼が養われたように思います。

・即時的に学びと指導を評価しながら観察しているので、その後の展開の中で自分たちが考えていることを評価することができてよかった。

・仲間と話し合いながら授業観察をすることで、新たなアイデアや自分の改善点に気付くことができてよかった。

・考えの違う人たちが、つながりながら考えたことが面白かったです。

　今回の対話型授業参観は、タブレットを使用しながら行いました。遠隔地から参観している参加者の意思決定に従いながら、撮影をし、質問に回答するような形式になっていました。遠隔地からの参加者にとっては深い学びになっていましたが、現地で撮影している参加者が受け身になりがちであったように思います。今後は、遠隔地と現地の参加者の対話の行い方についてもより深く検討をしていきたいと考えています。

教師力
×
ICT

（鈴木　直樹）

54 オンデマンド教材を活用して学ぼう

> 働き方改革でとにかく時間の制約をしなければならない現状。でも，教師としてスキルアップ・レベルアップは求められます。そんな働き方改革に朗報！ オンデマンドコンテンツを利用することで，様々な領域の最新の情報が手に入ります。時間がない！　遠くて行けない！　お金もない！　でも，しっかり学べる！　そんな研修の実践です。

① ICT 活用でオンデマンド研修

「うちの学校は，○○をやめた（もしくは，削減した）」といったことを最近耳にしませんか？　働き方改革の波が教育界に押し寄せています。時間を有効的に使うために，職場でも様々な工夫した取り組みがされていることと思います。しかし，その取り組みの中で優先順位が高いのは何でしょうか。それは，「教員研修」です。もちろん，時間は無限にありませんので，私たちが心豊かに働いていくためにも，時間の節約は必須です。しかし，教員としての力量形成も望んでいきたい。でも時間も…。

そこで，そんなジレンマを解消する方法があります。それは「オンデマンド教材」です。時間もお金も節約，距離も関係ありません。でもしっかり学べる研修のアイデアを紹介させていただきます。

② ICT の活用方法と研修アイデア

オンデマンド教材を検索すると，北海道立教育研究所や独立行政法人教職員支援機構等，各自治体が企画しているものがヒットします。その中で，今回は独立行政法人教職員支援機構の新学習指導要領改訂の趣旨についての動画教材を利用して研修会を実施しました。動画を見た後に，簡単なふり返りを行います。視聴した感想や気付いたことを付箋で分類したり，参加者同士

で会話をしたりしてふり返りました。また，気になった部分やよく分からない部分をもう一度再生しました。従来の研修会では，講義の内容は一度しか聞けません。しかし，オンデマンド教材だからこそ，繰り返し再生することができ，内容を理解し深めることができるのです。

	学習活動と ICT 活用の場	研修の様子
1	（事前アンケート）	新学習指導要領完全実施に向けて，「主体的・対話的で深い学び」については，どのような授業なのかについての動画を視聴します。その後，視聴しながらメモした内容と具体的な自分の実践を結び付けてふり返ることで，明日からの実践に生かしていけるようにしていきます。
2	研修のねらいを説明	
3	オンデマンド動画（約20分）の視聴 研修中にメモを取る	
4	動画視聴後の意見交流 思考ツール等を用いたり，もう一度再生したりして，内容を整理し意見交流する	
5	ふり返り・閉会	

③ ICT の活用でこんなに変わった

> 研修に参加した教師より
> 　とにかく削減することが優先される中で，こうしたねらいや目的が明確で，自分のニーズに合った内容を選べる研修はとてもありがたい。特に授業づくりに関する内容は，家でも気軽に視聴し，参考にできると感じた。

　今回の研修に参加した教師は，その後もオンデマンド教材を選んで，情報収集するチャンネルを増やしながら，授業づくりにおける問題を解決し，教師としての力量形成を続けていきました。オンデマンド教材は，学び続ける教師を支援する強力なツールになっています。

（村上　雅之）

教師力
×
ICT

55 オンラインで指導法交流をして学ぼう

アイデアを活用した 運動領域	体つくり運動	中級

　遠隔システムを使って，オンラインで海外と日本（国外）や他都県（国内）をつないで，指導法を交流しました。授業中にあるリアルな指導法について，子供たちの学びを実感しながら，授業力をアップできる取り組みです。授業力向上は，授業の外側からではなく，内側から考え，授業の中での省察を可能にする画期的な実践です。

① ICT 活用で指導法の交流ができる

　同じ単元における指導法は決して１つではありません。むしろ，多様なアプローチがあります。しかし，教師が多様な指導法を学びたいと願っても，自分たちのクラスや学校から離れることになり，難しいのが現状です。

　そこで，遠隔システムを使って，国内はもちろん，海外のリアルな授業から多様な指導法を交流する仕組みを考えました。具体的には，２つの学校を遠隔システムでつなぎ，45分の授業を前半と後半に分けて指導法を交流します。例えば，前半は日本の教師による授業，後半はマカオの教師による授業としました。日本とマカオの教師はそれぞれ自校と他校の子供た

写真1　「遠隔だるまさんが転んだ」の様子

ちへ指導することにとどまらず，自校と他校の子供たちの学ぶ様子を目の当たりにしながら，他教師の指導法を学ぶことができます。授業後には，「遠隔指導法交流会」と名付け，同様の遠隔システムを使って，教師行動を共有しました。ここでは，教師の自己評価が促され，自らの指導のあり方を見つ

め，新たな体育授業を創造していく可能性が期待できます。

② ICT の活用方法と授業の中での省察による指導法アップグレード

実践は名古屋と東京をオンラインでつないだ小学校 3 年生の体つくり運動です。

	学習活動と ICT 活用の場	子供の姿（小学校中学年）
1	めあてと約束事の確認	運動しているとき，どんなことを感じたかな？ 名古屋の友達と一緒に運動すると楽しい 動きが面白くて笑っちゃった。 最初はドキドキしたけど，一緒にやったら自分たちでやるより面白い。
2	名古屋の先生による指導 ①遠隔だるまさんが転んだ ②活動後のふり返り 心と体の変化について伝え合う	
3	東京の先生による指導 ①手押し車と活動中のふり返り ②活動後のふり返り 手押し車とよじ登りの動きの共通点から，次時の見通しをもつ	この動きは，よじ登り逆立ちといいます。この動きは，みんながさっきやった手押し車とにているかな？ あ！一緒だ！ にている！
4	片付け	

③ ICT の活用でこんなに変わった

実践前半の名古屋の教師は，動きの提示はせず，「遠隔だるまさん転んだ」を通して子供たちが自由な発想で動きを創意工夫する指導でした。一方，実践後半の東京の教師は，手押し車でのコツを考えさせ，よじ登り逆立ちとの出会いを演出する指導でした。事後検討会では，子供たちが動きを考え出す指導法と，教師が動きを提示する指導法における，それぞれの教師行動を子供の学びの様子から共有することができました。また，「ふり返りの場面について，もう一度，考え直して，次の授業に望みたい」という感想も聞くことができました。オンライン指導法交流は，違う指導法との出会いが教師の自己評価を促し，自らの指導法のアップグレードに期待できます。学び続ける教師の学び合い。新たな教員研修のスタイルとなりそうです。

教師力
×
ICT

（鈴木　一成）

56 オンラインで世界中の先生と授業研究に取り組もう

| アイデアを活用した場面 | 授業研究 |

上級

ICT を活用してオンライン上で遠く離れた先生方と授業研究に取り組みます。自宅や学校など，インターネットを活用できる場所から，遠隔地にいる先生方と情報を共有したり，公開したりして授業研究に取り組みます。最終的には，世界中の先生方と授業研究会を気軽にできることを目指した実践です。

① ICT 活用で世界へ視野を広げる

子供たちの大好きなドッジボール，校庭で夢中で遊んでいますね。みなさんは，そのドッジボールを禁止している国があることを知っていますか？

私はそのことを知るまで，世界中で推奨されているスポーツとさえ思っていました。ここで，ドッジボールの良し悪しを述べることはしませんが，「昔からやっている運動」とか「あたり前に行っている運動」だからなどの常識や先入観に捉われると，非常に視野が狭くなってしまう危険があります。そこで，ここでは ICT を効果的に活用して視野を広げる取り組みを紹介します。

他市や他県，広くは外国の指導法や指導案などの授業実践を遠方に出向かなくても，映像などでリアルに知ることができます。また，テレビ会議システム等の整備により，勤務校や自宅にいても授業研究会に参加することもできます。それにより，日本中や世界中の先生方と情報を共有することで，ご自身の授業力向上にも役立ちます。

ICT を活用してワールドワイドに情報を収集したり，共有したりして，ご自身の視野を広げてみましょう。

② ICT の活用例

　ここでは，2019年に東京都と愛知県の小学校をつないだ授業実践での活用例を紹介します。ここに，マカオの教師もテレビ会議に加わり，授業研究会を行いました。

> まるでその場にいるような臨場感だ！

　東京都にいる人が，愛知県で行われている授業をVRゴーグルを活用して見ることができます。VRゴーグルを使用することで360°見渡すことができ，まるでその場にいるかのような感覚で自分が見たいと思う場面を自由に見ることができます。VRゴーグルがなくても，スマートフォンを傾けたり，上下左右に動かすだけで同じように見たい場面を見ることができます。また，スマートフォンの画面を指で操作しても，同じように見ることができます。

> 子供が気付いた学びを共有していたね！

> 子供たちは楽しく意見をシェアしていた！

　途中，席を外すことになったり，今の場面について話し合いたいなと思ったりしたときには，映像を止めることもできます。また，もう一度見たい場面や聞き逃してしまった会話等も巻き戻して見たり聞いたりすることができることも，特長の1つです。

　研究協議会は，テレビ会議ができるアプリケーションを使って行います。テレビを見る感覚で，離れた相手とビジュアルコミュニケーションが可能です。海外の方との会話は翻訳アプリなどを活用して言葉の壁を和らげながら協議していきます。

③ ICT の活用でこんなに変わった

教師力 × ICT

　オンラインを活用していくことで，他の地域の人たちとのやり取りが容易になり，国内だけでなく，世界中の教師と学び合うことで情報を多面的・多角的に入手し，今までの見方，考え方をさらに広げ，自らの専門性を高め，教師としての力量形成を図ることができました。

（大塚　圭）

教師力 × ICT　実践のためのアドバイス

　普段から授業やいろいろな指導場面で子供たちと関わっておられる先生方にとって「教師としての力量を向上させたい！」という気持ちは，皆さん共通なものであると思います。力量形成のためには，研究や実践等の様々な経験が必要になりますが，ICT を利活用することで今までできなかったようなアプローチで教師の力量形成をすることができます。

　本章で紹介したネットサーフィンは，多くの方がされていることと思いますが，より良く教師の力量を促進させるためのネットサーフィンを展開しています。また，インターネット上に設定したサーバーを使用した情報共有と活用方法やオンデマンド教材を活用した教員研修は，先生方ご自身や子供たちの状況を把握し，適切なアプローチを構築することができると考えます。さらに，オンラインを活用することによって，遠方の先生方や海外の先生方との交流も可能となり，授業方略についての視点の広がりにも寄与します。遠隔地の授業参観は今までは困難でしたが，5G 時代を象徴する授業参観の方法として今後定着するであろうと強く感じます。

　このように ICT を利活用することで，今までできなかったような教師の力量形成につながるアプローチに広がりをもたせることができるのです。その結果，多くの子供たちが輝く，今までに見たことがないような体育授業の構築につながっていくことは言うまでもありません！

（大熊　誠二）

おわりに

　読者の皆様，たくさんの教育書の中から本書を選んでくださったことに感謝申し上げます。

　昨年度末からの新型コロナウイルス感染症の拡大に伴う全国的な臨時休業の状況は前例がない事態でした。2020年4月の緊急事態宣言を受け，文部科学省は，「GIGA スクール構想」の早期実現を積極的に推進することを表明しました。子供たちの学びを保障するための手立てとしての ICT の利活用，ICT 教育の在り方がこれまで以上に注目されたのです。

　私たちは，本書の作成にあたり，これまでの実践をふり返りながら，ICT が生み出す新しい体育の授業づくりを着実に推進していくためのチャレンジと，それを支えるアイデアや情報を発信していく必要性をこれまで以上に感じました。

　子供たちが ICT を活用して学ぶためには，学校の ICT 環境の充実と教職員の ICT 活用能力の向上は必要不可欠です。本書に掲載されている実践をできそうなところから，まずはまねてみることからスタートしてみてはいかがでしょうか。そして，様々な実践を材料にして，自分らしい，自分にしかできない ICT の利活用法を見つけていっていただきたいと思います。ここに載っているたくさんのアイデアはきっとあなたの授業の味方になってくれるはずです。本書との出会いはきっとあなたに新しい体育の道を開いてくれることと信じています。

　最後になりましたが本書の編集にあたっては明治図書の木村悠様に大変お世話になりました。この場をお借りして感謝の意を伝えさせていただきます。

2020年8月

松田　綾子

【執筆者一覧】

鈴木	直樹	東京学芸大学
鈴木	一成	愛知教育大学
村上	雅之	札幌市立北九条小学校
松田	綾子	廿日市市立四季が丘小学校
石井	幸司	江戸川区立新田小学校
大熊	誠二	帝京大学

　　　　　(以上編集担当，以下執筆順)

梶山	歩美	廿日市市立四季が丘小学校
山﨑	功一	高知市立潮江南小学校
藤本	拓矢	新潟市立内野小学校
熊野	昌彦	新潟市立葛塚東小学校
岩田	未来	高知市立潮江南小学校
中塚	宗太	札幌市立白楊小学校
生駒	大地	札幌市立北陽小学校
小林	治雄	新潟市立結小学校
澤	祐一郎	杉並区立天沼小学校
西本	真子	廿日市市立四季が丘小学校
白神	彰大	廿日市市立阿品台東小学校
田中	僚	立命館小学校
川村	幸久	大阪市教育委員会
河本	岳哉	北海道教育大学附属札幌小学校
岩城	節臣	船橋市立法典西小学校
榊原	章仁	知多郡阿久比町立東部小学校
中嶋	悠貴	名古屋市立片平小学校
角谷	諭	知立市立知立東小学校
菊地孝太郎		東京学芸大学附属世田谷中学校
辻	真弘	名古屋市立東白壁小学校
山口	正貴	三鷹市立大沢台小学校
重田公爾朗		渋谷区立上原小学校
橋本	大地	和歌山大学附属中学校
和氣	拓巳	狭山市立柏原小学校
大塚	圭	鴻巣市立赤見台第一小学校
成戸	輝行	愛知教育大学附属名古屋学校
平澤	彬	八王子市立緑ヶ丘小学校
上原	歩	豊島区立清和小学校
堀河	健吾	杉並区立杉並第一小学校
水野	廣貴	瀬戸市立にじの丘小学校
石井	卓之	帝京大学
松井	素子	東京学芸大学（グラビア）

【編著者紹介】

鈴木　直樹（すずき　なおき）

公立小学校に９年間勤務。在職中に，大学院派遣教員として，上越教育大学大学院で学び，2003年３月に修士課程を修了。その後，東京学芸大学大学院連合学校教育学研究科（博士課程）に進学し，2007年３月に修了（博士（教育学））。2004年３月から2009年９月まで埼玉大学，2009年より東京学芸大学に勤務している。2008年には米国のニューヨーク州立大学コートランド校，2017年には豪州のメルボルン大学で客員研究員として国際共同研究に取り組んだ。体育における学習評価の研究を中心にしながら，体育教師教育の研究，社会構成主義の考え方に基づく体育の授業づくり研究，体育におけるICTの活用や遠隔体育に関する研究に学校教員や企業と連携して取り組んでいる。

体育科授業サポートBOOKS

８つのポイントで運動大好きの子供をつくる！
体育授業のICT活用アイデア56

2020年９月初版第１刷刊　©編著者	鈴　木　直　樹	
2022年１月初版第６刷刊　　発行者	藤　原　光　政	
発行所	明治図書出版株式会社	

http://www.meijitosho.co.jp
（企画）木村　悠　（校正）奥野仁美
〒114-0023　東京都北区滝野川7-46-1
振替00160-5-151318　電話03(5907)6703
ご注文窓口　電話03(5907)6668

＊検印省略　　　組版所 中　央　美　版

Printed in Japan　　ISBN978-4-18-387619-5
もれなくクーポンがもらえる！読者アンケートはこちらから